**Liebe Leserinnen, liebe Leser!**

***Holger Leue** ist ein renommierter Reisefotograf, seine Bilder sind bereits in mehr als 50 Bildbänden, Reiseführern und Kalendern erschienen.*

***Lothar Schmidt** lebt seit 2002 in Madrid und ist seitdem ausschließlich als Journalist und Reisebuchautor tätig.*

Es soll ja Leute geben, die waren noch nicht da – auf Mallorca, der Sonneninsel der Deutschen. Dafür kommen viele der rund 3,5 Mio. deutschen Touristen, die jedes Jahr ihren Urlaub oder auch nur einige Ferientage auf der größten Baleareninsel verbringen, immer wieder. Warum das so ist? Es gibt wohl kaum ein anderes Ziel in Europa, das sich von vielen deutschen Flughäfen aus in nur gut zwei Stunden Flugzeit erreichen lässt, das eine solche Vielseitigkeit bietet, das derart klimatisch begünstigt erscheint, das mediterrane Lebensart garantiert, das aber andererseits doch sicherstellt, dass man sich hier nahezu wie zu Hause fühlt.

**Unübertroffen für Strandfans**

Mallorca hat 180 offiziell registrierte Strände – und bietet entsprechend eine ganze Reihe von Alternativen. Lange und flache Sandstrände in den Buchten von Palma und Alcúdia, kleine Buchten, „Calas", mit feinem Sand im Südosten der Insel sowie Kieselstrände an der Steilküste im Westen und Nordwesten. Mein persönlicher Strandgeheimtipp ist die romantische Cala Deià, die zwar nur über einen Kieselstrand verfügt, dafür aber auch häufig nicht allzu überlaufen ist. In zwei einfachen Lokalen kann man hier bei einem kühlen Drink hervorragend den Badetag Revue passieren lassen (s. S. 60).

**Das andere Mallorca**

Doch wer den Urlaub nur am Strand verbringt, weiß nicht, was ihm entgeht. Das Hinterland wartet mit hübschen Dörfern und Städtchen auf, mit einer herrlichen Gebirgsszenerie, einsamen Tälern und immer wieder traumhaften Ausblicken. Man darf es nicht versäumen, den Nordwesten der Insel zu erkunden, von Banyalbufar über Valldemossa und Deià nach Sóller zu fahren. Von dort ist ein Abstecher zur Bucht von Sa Calobra dann noch Pflicht. Die Fahrt ist zwar abenteuerlich, in Anbetracht der großartigen Karstlandschaft jedoch einzigartig. Fahren Sie am frühen Abend, dann haben die meisten anderen Touristen ihren Ausflug bereits beendet.
Herzlich Ihre

Birgit Borowski

Birgit Borowski
Programmleiterin HB Verlag

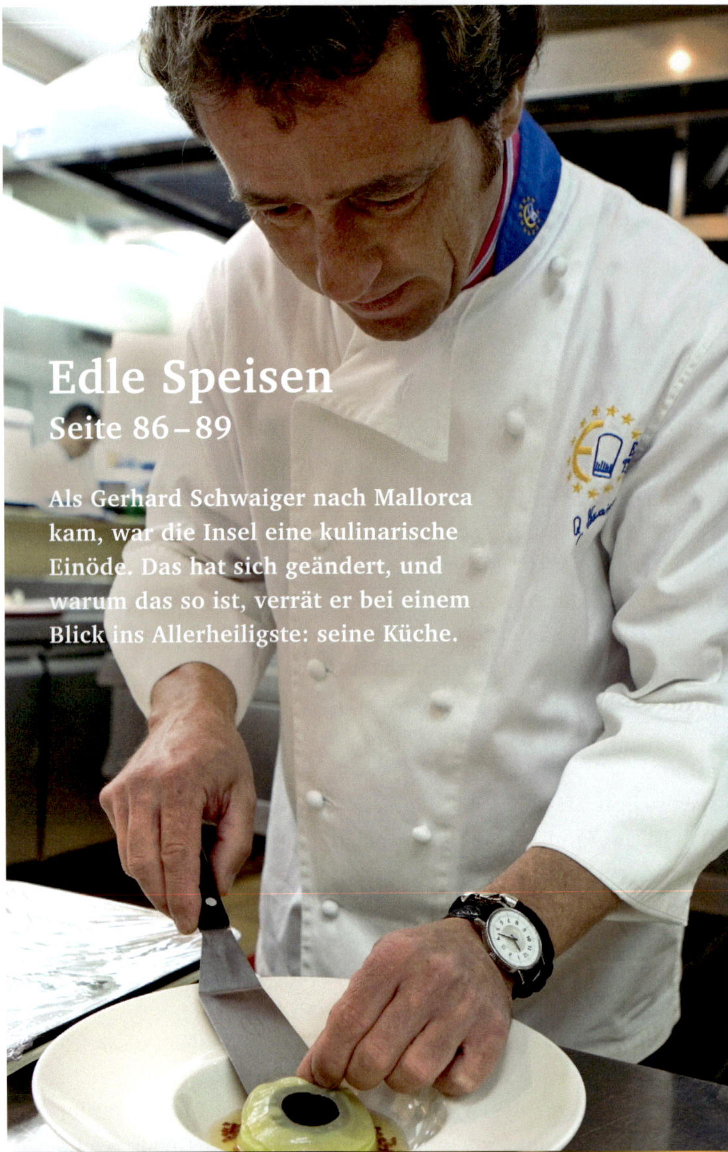

## Edle Speisen
Seite 86–89

Als Gerhard Schwaiger nach Mallorca kam, war die Insel eine kulinarische Einöde. Das hat sich geändert, und warum das so ist, verrät er bei einem Blick ins Allerheiligste: seine Küche.

## Blaue Buchten
Seite 50–61

Im Nordwesten packt die Insel die ganz große Leinwand aus: Natur im Breitwandformat, mit Buchten und Schluchten und einem Meer so blau, dass man darin versinken möchte.

## Genießen
Seite 104–111

Urlaub ist die schönste Zeit des Jahres, und auf Mallorca ist immer Urlaub. Wer da an Kalorien denkt, ist selber schuld. Denn: Wo einem so viel Schönes wird beschert – das ist schon eine Orangeneiscreme aus Sóller wert.

## Palma, die Inselschöne
Seite 22–35

Mallorcas Hauptstadt hat viele Seiten. Es gibt also gar keinen Grund, sie auf dem Weg zum Strand links liegen zu lassen. Im Gegenteil: Die Inselschöne wäre durchaus eine eigene Reise wert.

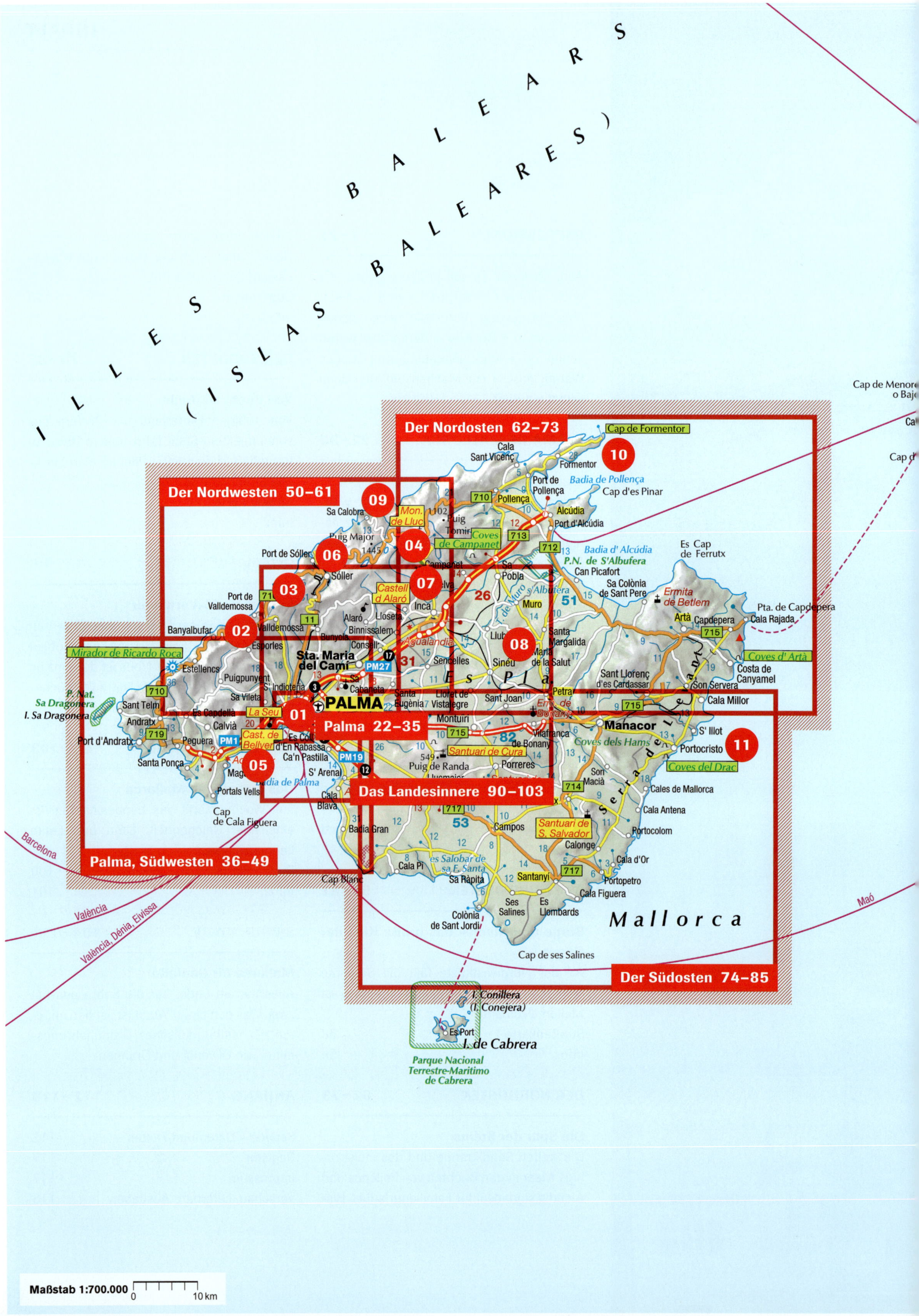

ILLES BALEARS
(ISLAS BALEARES)
Der Nordosten 62–73
Der Nordwesten 50–61
Palma 22–35
Das Landesinnere 90–103
Palma, Südwesten 36–49
Der Südosten 74–85
Mallorca
Es Pla
Serra de Llevant
Cap de Formentor
Formentor
Cala Sant Vicenç
Port de Pollença
Pollença
Badia de Pollença
Cap d'es Pinar
Alcúdia
Port d'Alcúdia
Badia d'Alcúdia
P.N. de S'Albufera
Can Picafort
Sa Colònia de Sant Pere
Es Cap de Ferrutx
Ermita de Betlem
Artà
Capdepera
Cala Rajada
Pta. de Capdepera
Coves d'Artà
Costa de Canyamel
Son Servera
Cala Millor
Sant Llorenç d'es Cardassar
Manacor
Coves dels Hams
S' Illot
Portocristo
Coves del Drac
Son Macià
Cales de Mallorca
Cala Antena
Portocolom
Calonge
Cala d'Or
Portopetro
Cala Figuera
Santanyí
Es Llombards
Ses Salines
Colònia de Sant Jordi
Cap de ses Salines
Sa Ràpita
es Salobrar de sa F. Santa
Campos
Santuari de S. Salvador
Cala Pi
Badia Gran
Cap Blanc
Cala Blava
S' Arenal
Ca'n Pastilla
Es Coll d'En Rabassa
Badia de Palma
PALMA
La Seu
Cast. de Bellver
Portals Vells
Cap de Cala Figuera
Santa Ponça
Peguera
Port d'Andratx
Andratx
Sant Telm
P. Nat. Sa Dragonera
I. Sa Dragonera
Mirador de Ricardo Roca
Estellencs
Es Capdellà
Calvià
Puigpunyent
Sa Vileta
Banyalbufar
Esporles
Port de Valldemossa
Valldemossa
S' Indioteria
Sta. Maria del Camí
Bunyola
Sa Cabaneta
Santa Eugènia
Consell
Alaró
Castell d'Alaró
Binissalem
Lloseta
Inca
Selva
Campanet
Coves de Campanet
Puig Tomir
1102
Mon. de Lluc
Sa Calobra
Puig Major
1445
Port de Sóller
Sóller
Sa Pobla
Muro
Llubí
Santa Margalida
Maria de la Salut
Sineu
Sencelles
Agualandia
Lloret de Vistalegre
Sant Joan
Petra
Ermita de Bonany
Vilafranca de Bonany
Montuïri
Santuari de Cura
Puig de Randa
549
Porreres
I. Conillera (I. Conejera)
Es Port
I. de Cabrera
Parque Nacional Terrestre-Maritimo de Cabrera
Barcelona
València
València, Dénia, Eivissa
Maó
Cap de Menorca o Bajo
Maßstab 1:700.000
0
10 km

# DIE BESTEN TIPPS DER REDAKTION

## KULTUR

**01 Kathedrale im Licht** **33**
Ein Besuch der Kathedrale von Palma ist ein Muss. Zuerst sollte man einfach das phänomenale Licht in ihrem Inneren auf sich wirken lassen, dann kann man sich den Baldachin von Gaudí genauer ansehen und die neue Kapelle Sant Pere.

**02 Klingende Grüße von Chopin** **59**
George Sand und Frédéric Chopin haben das malerische Bergstädtchen Valldemossa berühmt gemacht. Im ehemaligen Kartäuserkloster verbrachte das Künstlerpaar den Winter 1838/1839, und dort steht auch noch Chopins Klavier. Der Meister komponierte dort wesentliche Teile seiner weltberümten Préludes op. 28.

**03 Ein Habsburger auf Mallorca** **59**
Ein altes Herrenhaus in wunderbarer Lage über dem Meer: In Son Marroig lebte Erzherzog Ludwig Salvator von Habsburg, wenn er nicht gerade die Insel erforschte oder mit seinem Boot Nixe in fernen Ländern vor Anker ging.

**04 Der Hirte und die Madonna** **61**
Ein Wallfahrtskloster inmitten der Bergwelt. Lluc und seine Marienfigur La Moreneta, die der Legende nach ein Hirtenjunge in dieser abgelegenen Gebirgsgegend gefunden haben soll, sind das unbestrittene Inselheiligtum.

## ERLEBEN

**05 Mallorcas nobelster Hafen** **47**
Die Hafenpromenade von Portals Nous mit ihren Restaurants und teuren Boutiquen ist ein Laufsteg der Eitelkeiten. Vor der Kulisse aufpolierter Jachten – manche im Format eines Mehrfamilienhauses – genießt man das Marbella-Feeling.

**06 Eine perfekte kleine Welt** **60**
Ein weites Tal voller Zitrusfrüchte, eine Kleinstadt mit historischer Bimmelbahn und Jugendstilhäusern. Nimmt man noch Port de Sóller mit seinem natürlichen Hafen und dem Stadtstrand hinzu, hat man in Sóller eine perfekte kleine Welt, auf die man sich gerne einlassen wird.

**07 Traumblick über halb Mallorca** **101**
Vom über 800 Meter hohen Puig d'Alaró liegt einem halb Mallorca zu Füßen. Wer mag, fährt bis zum urigen Lokal „Es Verger" mit dem Auto (die Piste ist miserabel). Danach geht es zu Fuß noch einmal vier Kilometer bergauf. Es lohnt sich.

**08 Ein unvergesslicher Markttag** **102**
Müsste man eine Stadt nennen, die ziemlich genau in der Mitte von Mallorca liegt, dann wäre das Sineu. Vielleicht deshalb versammelt sich hier alles zum Wochenmarkt: Einen Mittwoch in Sineu wird man nicht mehr vergessen.

## NATUR

**09 Grandioses Naturkino** **61**
Wo ein Wille ist, da ist auch ein Weg, dachte man sich und baute die aberwitzige Bergstraße Sa Calobra. Rund 900 Höhenmeter geht es im Nordwesten hinab. Unten empfängt die Schlucht Torrent de Pareis mit grandiosem Naturkino.

**10 Mallorcas Nordkap: Formentor** **72**
Die Ausläufer der Serra de Tramuntana ragen nördlich von Port de Pollença wie ein Finger ins Meer. Dramatischer kann eine Felslandschaft kaum sein. Neben großartigen Ausblicken lockt auch ein Pinien überschatteter Sandstrand.

**11 Ein Drache in der Unterwelt** **83**
Mallorcas spektakulärste Höhle, Coves del Drac, muss man einfach mit eigenen Augen gesehen haben. Eine fantastische Unterwelt mit einem 177 Meter langen See. Aus dem Dunkel tauchen Ruderboote mit einem Miniorchester auf – sehr romantisch!

6ª-CO-2-2 03
Princess

# WAHRZEICHEN

**„La Seu“ – Kathedrale des Lichts – wird Palmas weithin sichtbares Wahrzeichen genannt. Die Kathedrale der Hauptstadt von Mallorca gehört zu den schönsten gotischen Kathedralen der Welt.**

# BADEFREUDEN

So soll es sein: Sommer, Sonne und eine schöne Bucht – hier die Cala Falco Beach bei Magaluf. Was will man mehr, am Meer?

## GENUSSMITTEL

„Bon profit“ heißt auf Katalan-Mallorquinisch „Guten Appetit“. Es geht also nicht um Profit, wenn man jemanden Bon profit wünscht, sondern um die mallorquinische Küche. Damit diese so gut ist, wie sie in ihrer ursprünglich eher ländlich-schlichten, dabei aber deftig-herzhaften Form sein kann, besorgt man sich die dazu notwendigen Genussmittel am besten auf einem Markt wie hier in Palma. Am Ende profitieren dann Händler und Käufer gleichermaßen: Bon profit!

BUTIFARRA
CASERA
ALIÑADA
de JAÉN

# DIE BLAUE LAGUNE

Wo Inselträume wahr werden: Cala de Sant Vicenç ist eine kleine Feriensiedlung nordöstlich von Pollença im Norden der Insel. Im Schutz einer rund 300 Meter hohen Felswand lässt es sich hier herrlich baden. Das geht auch von einem der vier Strände aus, aus denen sich diese Bucht zusammensetzt – aber ungleich stilvoller ist der Sprung in die Blaue Lagune von einer schmucken Jacht.

# DIESE LANDSCHAFT …

… macht uns stumm, meinte die Schriftstellerin George Sand, die sich mit ihrem Geliebten, dem Komponisten Frédéric Chopin, Ende 1838 in Valldemossa einmietete. Chopin komponierte hier unter anderem sein berühmtes Regentropfen-Prélude, was durchaus Rückschlüsse auf die klimatischen Bedingungen im mallorquinischen Winter zulässt. Und auch George Sand blieb nicht lange stumm, sondern meinte: „Alles was der Maler oder Dichter erträumen kann, hat die Natur an diesem Ort geschaffen.“

## BLÜTENPRACHT

Im Januar/Februar verwandeln blühende Mandelbäume Mallorca in einen Blütentraum. Glücklich ist, wer diese Pracht wie hier nahe dem Randa-Massiv hoch zu Ross genießen darf. Diese ist aber nicht bloß schön anzusehen: Rund 7000 Tonnen Mandeln werden jährlich auf der Insel geerntet.

MALLORCA

# RADSPORTPARADIES

Ob Profi oder Amateur – Mallorca ist ein Radsportparadies, das ideale Trainingsbedingungen mit einer atemberaubend schönen Landschaft und – meist – angenehmem Klima verbindet. Beliebt ist etwa die kurvenreiche Strecke zur Cala de Sa Calobra – hier mit dem berühmt-berüchtigten „Krawattenknoten“, Nus de sa Corbata: Angeblich soll dem Konstrukteur Antoni Parietti Coll die Idee zur Konstruktion dieser verwegenen Haarnadelkurve beim morgendlichen Krawattenbinden gekommen sein.

# Traumstadt mit Zukunft

Allein die Hauptstadt Mallorcas ist eine Reise wert. Hier lässt es sich wunderbar am Hafen oder auf der Rambla flanieren, hier kann man die verwinkelten Gassen der maurischen Altstadt erkunden oder einen Blick in stille Patios werfen. Adelspaläste, Jugendstilbauten und La Seu, die „Kathedrale des Lichts", tun ihr übriges. In der Verbindung mit traditionsreichen Caféhäusern, besten Einkaufsmöglichkeiten und Restaurants wird Palma zur Traumstadt mit Zukunft.

*Der heiligen Maria geweiht: die Kathedrale von Palma de Mallorca*

01

02

*„Das Besondere der Balearen, und vor allem Mallorcas, ist … der berauschende Reichtum auf kleinstem Raum: voller Überraschungen, Gegensätze und Widersprüche."*

Miguel S. Oliver

Etwa zehn Millionen Touristen kommen jedes Jahr nach Mallorca. Aber nur wenige von ihnen nähern sich der Insel von ihrer schönsten Seite – vom Meer. Heute ist es ein Luxus, mit dem Schiff oder der Fähre nach Mallorca zu reisen. Doch wer sich die Zeit nimmt zur langsamen Anreise, der bekommt etwas Einmaliges geboten …

**Ein Meer aus Farben**

Das Erste, was man aus der Ferne ausmachen kann, ist ein Bauwerk, das wie Stein gewordenes Licht wirkt. Auch im Innern von La Seu, der Kathedrale von Palma, ist das Licht der Hauptdarsteller: Am Vormittag erstrahlt der Sakralraum in einem Meer aus Farben. Das Licht fällt durch die größte Fensterrosette der Welt – ein 12,5 Meter hohes Farbrad über dem schwebenden Altar des Jugendstilgenies Antoni Gaudí. Unter diesem Dach, so scheint das im Jahr 1229 begonnene Bauwerk zu sagen, kann das Leben voller Größe und Wunder sein.

**Wahrheit …**

Ein Wunder soll auch dem erst 21-jährigen König Jaume I. von Aragonien widerfahren sein, nachdem seine Flotte am 6. September 1229 von der Küste Kataloniens abgelegt hatte, um die Insel den Mauren zu entreißen. Unterwegs geriet er in einen schweren Sturm, und der junge König meinte schon, sein letztes Stündlein habe geschlagen. In seiner Not gelobte er feierlich, eine der heiligen Maria geweihte Kirche errichten zu lassen, „wie sie noch kein Menschenauge je geschaut", falls er und seine Flotte doch noch gerettet würden. Und siehe da: Der Sturm legte sich – eine Woche später schlug der König bei Portopi in der Bucht von Palma die Mauren in die Flucht.

**… oder Legende?**

So weit die Legende. Belegt ist jedenfalls, dass die neuen Herren von Mallorca erst noch beweisen mussten, ob es sich unter dem Kreuz besser leben lassen würde als unter dem Halbmond. Und Wunder konnten da durchaus hilfreich sein – Marienfiguren etwa, die ahnungslosen Hirten erschienen, oder eben ein Gotteshaus, das alles bisher Gesehene in den Schatten stellte.

**Mit dem Schiff in die Festung**

Als die Almohaden 300 Jahre zuvor auf dem strategisch günstigen Hügel gegenüber der heutigen Kathedrale eine Festung bauten, schwappte das Meer bis an die Fundamente. Die muslimischen Eroberer aus dem Kalifat von Córdoba konnten mit dem Schiff sogar bis in die Festung, die Almudaino, fahren. Das ehemalige Hafentor steht noch heute, allerdings erkennt man es kaum, da das Meer nun erst hinter dem

**01** *Vom Castell de Bellver blickt man auf die wunderschön in einer Bucht liegende Stadt*
**02** *Über allem erhebt sich die Kathedrale – hier von der Dachterrasse des Hotel Tres aus gesehen*

**03** *„Auge der Gotik" wird die riesige Glasrosette der Kathedrale La Seu auch genannt*
**04** *Mariendarstellung im Inneren der – der Jungfrau Maria geweihten – Kathedrale*

01

02

# Die Kapelle des Miguel Barceló

**Palmas größter Kunstschatz ist die Kathedrale La Seu. Schriftsteller haben sie beschrieben, bildende Künstler haben sie gemalt, an ihr gebaut und sie ausgestaltet – nicht nur in der Vergangenheit, sondern auch in unserer unmittelbaren Gegenwart.**

Miguel Barceló, ein 1954 in Felanitx gebürtiger Mallorquiner, ist einer der renommiertesten spanischen Gegenwartskünstler. Nun hat er die alte Beziehung von Kunst und Kirche erneuert. Das war ein Wagnis für beide Seiten – Barceló ist „eigentlich" Atheist. Rechts neben dem Hauptaltar, den Barcelós berühmter Kollege Antoni Gaudí in den Jahren 1904 bis 1914 umgestaltet hat, durfte sich Barceló verewigen: in der „Capilla del Santissimo", die zuvor dem heiligen Petrus (Sant Pere) geweiht war. Als Thema wählte Barceló das „Wunder der Brotvermehrung".
Nach sieben Jahren Arbeit und Kosten von vier Millionen Euro wurde die Kapelle am 2. Februar 2007 eröffnet, eingesegnet und der staunenden Öffentlichkeit präsentiert. 15 Tonnen Terrakotta hat der Künstler mit vollem Körpereinsatz bearbeitet; hat Tonkrüge, Schalentiere und Schädel in das weiche Material gedrückt; mehrere tausend Stücke aus gebranntem Ton umkleiden nun die rund 300 Quadratmeter große Wandfläche der Kapelle. Ein wenig fühlt sich der Betrachter hier wie Jonas im Wal. Die schwarz-grauen Fenster lassen ein Licht hinein, als wäre man einige Meter unter der Wasseroberfläche. Eine Stimmung, die gut ist fürs Gebet, sagt der Künstler.

### Die Freiheit der Kunst

An der linken Wand sieht man allerlei Fische und das Meer. Rechts dagegen wachsen die Früchte der Erde aus der Wand – Brot, Feigen, Auberginen, Granatäpfel. Und Tonkrüge: Damit will Barceló eine Verbindung zwischen der Speisung der Fünftausend und der Hochzeit von Kanaan herstellen. In der Mitte, hinter dem fünf Tonnen schweren Altarblock, ist eine blasse, kaum sichtbare Christusfigur auszumachen. In ihr soll sich Barceló selbst verewigt haben. Manchen Mitgliedern des Domkapitels geht die künstlerische Freiheit an diesem Punkt zu weit. Überhaupt wäre die ungewöhnliche Zusammenarbeit wohl nie ohne das Engagement von Bischof Teodor Ubeda zustande gekommen. Wenn man so will, reicht sein Engagement sogar bis über den eigenen Tod hinaus: Denn auf seinen eigenen Wunsch wurde der inzwischen verstorbene Bischof in der Kapelle beigesetzt – zwischen dem Altarblock aus Binissalem und dem umstrittenen Christus.

*16 Meter hoch ist Miguel Barcelós Keramikfresko …*

*… in der neu gestalteten Kapelle des heiligen Petrus*

Parc del Mar und der mehrspurigen Autovía de Llevant beginnt.

### Größte Altstadt Europas

Sollten die Pläne, den mehrspurigen Passeig Maritim unter der Erde zu verstecken, irgendwann Wirklichkeit werden, könnte Palma erst recht den Anspruch erheben, eine der schönsten Städte des Mittelmeers zu sein. Und je nach dem, wie weit untertunnelt würde, wäre der Hausstrand Platja de Can Pere Antoni und Portixol, das einstige Fischernest mit seinem malerischen Hafen, wieder wie einst direkt mit der Stadt verbunden. Doch nach den jüngsten Erfahrungen wird man sich im Tunnelbau wohl eher zurück halten. Als im Frühjahr 2007 die neue Metro eingeweiht wurde, war die Freude kurz. Schon nach dem ersten kräftigen Regenschauer standen die Schächte unter Wasser. Als sich dann auch noch herausstellte, dass die Metro praktisch nach jedem Regenguss zur Kanalisation wurde, musste die Anlage sogar geschlossen werden: ein Millionengrab.
Doch Palma lässt sich auch ohne „U-Boot-Metro" gut erkunden. Fast alles, was es zu entdecken und zu erleben gibt, findet sich in der Altstadt – sie soll die größte Europas sein. Für ein Wochenende nach Palma fliegen, zum Shoppen oder um in hübschen Cafés zu sitzen, gut essen zu gehen oder in schicken Cocktailbars das Nachtleben zu genießen – das ist angesagt. Mit Strandurlaub im Stil von Arenal oder Cala Millor kann man die meist junge und zahlungskräftige Klientel nicht mehr locken. Sie logieren in Hotels mit anspruchsvollem Design, im „Tres", „Puro", „Portixol" oder im „Convent de Missió". Und wer einen Badetag einlegen will, der mietet sich einfach einen Wagen, um nach Es Trenc an die Cala Torta oder an einen der anderen Strände Mallorcas zu fahren.

### Junges Palma

Palma ist jünger geworden. In Restaurant-Bars wie dem „13½" wird zu Mittag ein Ta-

**01** *Wetten, dass? – Werden sich Thomas Gottschalk und seine TV-Crew in Palmas Coliseo Balear als Gladiatoren der Neuzeit erweisen?*
**02** *Noble Adresse: Castillo Hotel Son Vida*

01

02

03

04

*„Das Licht von Mallorca ist getränkt von reinster Poesie. Es erinnert mich an das Licht des Orients, wo man Dinge wie durch einen Schleier betrachtet."* Joan Miro

**01** *In den Gassen von Palma …*
**02** *… blicken die einen nach draußen …*
**03** *… und die anderen nach oben*
**04** *Tapas asiatisch? Nein: Sushi mallorquinisch*

**01** *Zeitgenössische Kunst …*
**02** *… im Museum Es Baluard*

**03** *Kunst im öffentlichen Raum: im Museum Palau March*

pas-Menü aus dem Bioanbau serviert, in manchen Cafés sieht man mehr Gäste hinter ihrem Laptop als hinter einer Zeitung sitzen. Glücklicherweise ist Palma eine Stadt, in der Tradition und Avantgarde gut nebeneinander existieren können, doch am schönsten ist die Inselschöne immer noch für den, der sich Zeit lässt: Zeit für einen Café in der immer gut gefüllten Bar Bosch, dem Café Gran Hotel oder im einstigen Intellektuellentreff Café Lirico.

### Kunst und Kultur – und neue Pläne

Ohne private Initiativen wie die Stiftung des Multimillionärs Juan March wäre das Kunst- und Kulturleben Mallorcas wesentlich ärmer: Dabei ist die Lebensgeschichte dieses „letzten Piraten" wahrscheinlich brisanter als alle Kunst, die der Sohn eines Viehhändlers aus Santa Margalida gesammelt hat. Seine Karriere begann Juan March als Schmuggler, später reichte sein Einfluss weit in die Politik. So soll er im Jahr 1936 den Putsch Francos mitfinanziert haben, was ihn jedoch nicht daran hinderte, auch mit den Alliierten Geschäfte zu machen.

Teile seiner Sammlung sind im Museum für zeitgenössische spanische Kunst im ehemaligen Bankhaus March zu sehen. Das Museu March gegenüber dem Almudaina-Palast mit seiner überaus prächtigen Wandgestaltung von Josep Maria Sert und einigen herausragenden Skulpturen des 20. Jahrhunderts gehört zur Stiftung Bartolomé March, der wiederum der Sohn des Magnaten war.

Auch das spektakuläre Kunstmuseum Es Baluard, das in die ehemalige Festung Sant Pere gebaut wurde, ist einer privaten Stiftung zu verdanken. Jüngster Glanzpunkt in der Kunstlandschaft Palmas aber ist die Ausgestaltung einer Kapelle der Kathedrale durch Miguel Barceló. Wenn man bedenkt, dass es mit der Art Cologne Palma auch schon eine echte Kunstmesse gab, fehlt eigentlich nur noch eine Oper. Pläne des spanischen Stararchitekten Santiago Calatrava dazu gibt es schon …

**04** *Kunst in der – Abaco Cocktail – Bar*
**05** *Historische Kunst: am Almudaina-Palast*

# Palma de Mallorca

# Mallorcas quirlige Inselmetropole

Die 370 000-Einwohner-Stadt dient als Parlaments- und Regierungssitz der Balearen und ist das Verwaltungs- und Wirtschaftszentrum sowie die einzige Universitätsstadt der Insel. Hauptattraktionen in der Altstadt sind die Kathedrale, das Kloster San Francesc und der Almudaina-Palast. Das alte Hafenviertel Puig de Sant Pere mit seinen Restaurants ist das Zentrum der Nachtschwärmer; etwas außerhalb findet man das Miró-Museum, das Castell Bellver und das Poble Espanyol.

## 01 – 22 PALMA DE MALLORCA

**Fast alles, was es in Mallorcas Hauptstadt zu entdecken und zu erleben gibt, findet sich in der Altstadt, die zu Fuß gut zu erkunden ist.** Dort geht man durch verwinkelte Gassen auf Entdeckungstour. Sa Portella im Rücken der Kathedrale ist der älteste Teil der Stadt. Während der Herrschaft der Araber und auch noch unter den Christen befand sich dort das jüdische Viertel „El Call“. Am Sonntag sollte man Palma nicht besuchen, denn da schläft die Stadt.

**SEHENSWERT** Die Kirche **Montision** ist auf den Fundamenten einer Synagoge erbaut. Einige der malerischen Innenhöfe, wie sie für die rund 70

*Wahrzeichen der Stadt: die Kathedrale*

Adelspaläste typisch sind, kann man besichtigen („Route der Innenhöfe“ ist ausgeschildert). Sa Portella und der ebenfalls alte Stadtteil Sant Pere werden von der Flaniermeile **01 Passeig des Born** getrennt. Im Zentrum des historischen Stadtkerns liegt die einheitlich bebaute **02 Plaça Major**. An der **03 Plaça de Cort** steht das Rathaus aus dem 16. Jahrhundert im Stil der italienischen Renaissance. Palmas Hauptsehenswürdigkeit ist die **04 Kathedrale La Seu** **TOPZIEL**. Mit dem Bau wurde an Stelle einer Moschee nach dem Sieg über die Mauren im Jahr 1229 begonnen. Das Haupthaus wurde jedoch erst Ende des 16. Jahrhunderts fertiggestellt. Der Innenraum mit seinem 44 m hohen und 75 m langen Mittelschiff ist eine einzige Demonstration der Schönheit von Bau- und Kirchenkunst. Den Eindruck von lichter Weite erzeugen die schmalen Säulen zwischen Haupt- und Seitenschiffen sowie die großen Fensterrosetten. Die knapp 100 m² große Buntglasrosette in der Ostfassade gilt als größte der Welt. Der Hauptaltar mit seinem seltsam schwebenden Baldachin wurde vom Jugendstilarchitekten Antoni Gaudí entworfen. Seit dem Jahr 2007 ist die Ausgestaltung der Kapelle Sant Pere abgeschlossen. Der mallorquinische Künstler Miguel Barceló hat in einer reliefartigen Wandgestaltung das Wunder der Brotvermehrung dargestellt (Nov.–März Mo.–Fr. 10.00–15.15, April–Mai Mo.–Fr. 10.00–17.15, Juni bis Sept 10.00–18.15 Uhr, Sa ganzjährig 10.00 bis 14.15 Uhr, www.catedraldemallorca.org).

Unter den weiteren 30 historischen Kirchen Palmas ist **05 Sant Francesc** (Baubeginn 1232) wegen seines spätgotischen Kreuzgangs besonders sehenswert. Er ist der größte Europas. Seitlich des Hauptaltars ruht der im Jahr 1315 gestorbene Gelehrte Ramon Llull (Mo.–Fr. 9.30–12.30 und 15.30–18.00, Sa. und So. 9.00–12.30 Uhr).

Der **06 Palau de l'Almudaina** gehört zu der Festung, die die Mauren nach der Eroberung im Jahr 902 errichteten. Nach der christlichen Rückeroberung wurde er im 13. Jahrhundert zur königlichen Residenz umgebaut. Noch heute nutzt das spanische Königshaus den Palast für offizielle Empfänge (Nov.–März 10.00–14.00 und 16.00–18.00, April bis Okt. 10.00–18.30, Sa. 10.00–14.00 Uhr, So. geschl.; Mi. für EU-Bürger mit Ausweis frei).

Ein Beispiel prächtiger Profanarchitektur ist die spätgotische Handelsbörse **07 Sa Llotja** (1451 fertiggestellt), in der unregelmäßig Ausstellungen stattfinden.

Die **08 Banys Arabs** – die Reste der arabischen Bäder aus dem 10. Jh. – gehören zu dem wenigen, was aus islamischer Zeit erhalten geblieben ist. Schon der Garten lohnt den Besuch (Calle Can Serra, tgl. 9.00–18.00 Uhr).

Die spanische Variante des Jugendstils, Modernisme, findet sich an der **09 Plaça Weyler** mit dem ehemaligen Gran Hotel. Der Katalane Lluís Domènech i Montaner hat es im Jahr 1903 erbaut. Das prachtvolle Bauwerk wird als Ausstellungsraum der La Caixa-Stiftung genutzt. Im Erdgeschoss befindet sich ein schönes Café. Weitere

Tipp

### Palma by Bus

Eine entspannte und luftige Art Palma kennenzulernen ist der Bus der Linie 50. Der offene Doppeldecker fährt insgesamt 16 touristisch interessante Haltestellen an wie den Passeig de Born, das Poble Espanyol oder das Castell Bellver. Mit dem Ticket kann man einen Tag lang so oft ein- und aussteigen wie man will.

*Ab Av. Antoni Maura, tgl. 10.00–22.00 Uhr, Tickets im Bus oder im Touristenbüro*

Tipp

### Geführte Stadtrundgänge

Wo gibt es die schönsten Weihnachtskrippen, wo war das jüdische Viertel, wie sieht es in einem historischen Herrenhaus aus oder welche Geschichten und Legenden erzählt man sich in Palma? Zu diesen und anderen Themen werden geführte Stadtrundgänge in mehreren Sprachen angeboten. Derzeit gibt es elf Routen.

*Information und Anmeldung Tel. 971720720, im Touristenbüro oder im Internet www.itineraris.org*

**Tipp**

## Essen gehen in Palma

Tradition und Avantgarde können in Palma gut nebeneinander existieren. Das zeigt sich auch am Restaurantangebot. Wer mag, kann sich im € **13 ½** *(Calle Sant Feliu 13a)* zu Mittag ein Tapas-Menü aus dem Bioanbau servieren lassen, nachmittags in Cafés wie dem € **Blond Café** *(Plaça Rey Juan Carlos I 6)* den Laptop auf den Tisch stellen und wird anderenorts eine Weinkarte vorfinden, die es in sich hat. So zum Beispiel in €/€€ **La Bodeguilla** *(Calle Jaume 3)*, wo das Tapas-Prinzip auf ebenso kreative wie köstliche Weise weiterentwickelt wurde. Fürs klassisch spanische Tapeo, also für Tapas, gibt es noch immer das €/€€ **La Boveda** *(Calle Boteria 3)*, das € **Burladero** (Calle Burladero 3) oder die € **Taberna del Caracol** *(Calle San Alonso 2)*. Für die bodenständig-mallorquinische Küche ist das Gasthaus € **Celler Sa Premsa** *(Plaça Bisbe Berenguer de Palou 8)* zuständig, und fürs elegante, stilvolle Dinieren sind dies das €€ **Aramis** *(Calle Montenegro 1)* oder das Spitzen-Restaurant €€/€€€ **Koldo Royo** *(Av. Ingeniero Gabriel Roca 3)*.

Beispiele des Modernisme findet man an der Plaça Mercat und in der Calle Colóm. Gegenüber dem Gran Hotel glänzt das Teatre Principal (19. Jh.).

**MUSEEN** Die Geschichte Mallorcas ab ca. dem Jahr 5000 v. Chr. anhand von archäologischen Funden und Modellen dokumentiert das **10 Museu de Mallorca** (Calle Portella 5, Di. bis Sa. 10.00–19.00, So. 10.00–14.00 Uhr). An der Rückseite der Kathedrale zeigt das **11 Museu Diocesan** im Bischofspalast liturgisches Gerät, Gemälde etc. (tgl. 10.00–14.00 Uhr).

Palmas neues Museum für Kunst der Moderne und Gegenwart, **12 Es Baluard**, wurde in die alte Festungsanlage von Sant Pere hineingebaut. Neben der Sammlung (u. a. Miró, Picasso) besitzt das Museum eine schöne Café-Terrasse und ein empfehlenswertes Restaurant (Okt.–15. Juni Di. bis So. 10.00–20.00, 16. Juni–Sept. Di.–So. 10.00 bis 22.00 Uhr, www.esbaluard.org).

Im **13 Casal Solleric** finden Wechselausstellungen mit moderner/zeitgenössischer Kunst statt (Passeig des Born 27, Di.–Sa. 10.00–14.00 und 17.00–21.00, So. 10.00–13.30 Uhr).

Das **14 Museu Torrents Llado**, das Museumshaus des im Jahr 1993 verstorbenen Malers, ist zugleich ein sehenswerter Stadtpalast (Calle Portella 9, Di.–Fr. 10.00–18.00 – im Sommer bis 19.00 Uhr –, Sa. 10.00–14.00 Uhr), den der Künstler 1970 gekauft und lange renoviert hatte.

Der prächtig ausgestattete Stadtpalast **15 Palau March Museum** lockt durch seine Freiterrasse mit Skulpturen von Moore, Chillida, Rodin und anderen (Palau Reial 18, www.fundbmarch.es).

In der ehemaligen Banca March ist das **16 Museuo d'Art Espanyol Contemporani** der Stiftung Juan March untergebracht. Die Sammlung

*Wenn es Nacht wird in Palma de Mallorca*

ist auf spanische Kunst des 20. Jahrhunderts spezialisiert (Calle Sant Miguel 11, Mo.–Fr. 10.00 bis 18.30 Sa. 10.00–13.30 Uhr.) Weitere Kunst- und Kulturzentren sind **Pelaires** (Can Veri 3, Mo.–Fr. 10.00–13.30 und 16.30–20.00, Sa. 10.00–13.30 Uhr) sowie **Sa Nostra** (Calle Concepció 12, Mo. bis Fr. 10.30–21.00, Sa. bis 13.30 Uhr.)

Westlich des Stadtzentrums thront das **17 Castell de Bellver** über der Hafenbucht. Der einzigartige Burgpalast wurde im Jahr 1315 fertig gestellt. Im 18. Jh. wurde der Bau als Gefängnis genutzt. Teile davon – Thronsaal und stadthistorisches Museum – können besucht werden (Okt. bis März Mo.–Sa. 8.00–19.15, So. 10.00–17.00, April–Juni u. Sept. Mo.–Sa. 8.00–20.30, So. 10.00 bis 19.00, Juli/Aug. Mo.–Sa. 10.00–14.00 u. 16.00–21.00 Uhr, So. geschl.).

In Cala Millor, das wie ein Vorort mit Palma zusammengewachsen ist, befindet sich die **18 Fundació Pilar i Joan Miró**. Neben dem Museumsbau mit wichtigen Werken aus dem Nachlass des Künstlers kann sein Atelierhaus besichtigt werden (Calle Joan de Saridakis 29, Sommer Di.–Sa. 10.00–19.00, Winter bis 18.00 Uhr, So. ganzjährig 10.00–15.00 Uhr).

Eine Art „Best of Spain“ zeigt das im Jahr 1967 erbaute **19 Poble Espanyol**. 22 spanische Baudenkmäler sind in kleinerem Maßstab nachgebaut. Das spanische Dorf wird von einigen Kunsthandwerkerläden und Cafés belebt. Sogar einen internationalen Kindergarten gibt es dort (Calle Poble Espanyol, Dez.–März 9.00–18.00, April bis Nov. 9.00–20.00 Uhr.)

Im Hafen Porto Pi im Castell de Sant Carles befindet sich das **20 Militärmuseum** (Mo.–Fr. 9.00 bis 13.00, Sa. 10.00–13.00 Uhr).

*Jugendstiljuwel an der Plaça Weyler*

### VERANSTALTUNGEN UND FESTE

**5./6. Jan.** Els Reis Mags (Heilige Drei Könige) mit festlichem Umzug.

**20. Jan.** Fest des Stadtpatrons Sant Sebastià; am Vorabend mit Musik, Tanz und Feuerwerk.

**Im Februar** Karneval. Karwoche mit Büßerprozessionen (Processó de sang).

**23./24. Juni** Sant Joan, Johannisnacht mit Feuern.

**29. Juni** Sant Pere, Bootsprozession. Im Juni findet auch die Segelregatta Copa del Rey in der Bucht von Palma statt.

**Im August** Serenates d'Estiu, Internationales Festival für Klassische Musik.

**12. September** Diada, offizieller Inselfeiertag.
**Im Oktober** Festa de Santa Catalina, große Prozession durch die Stadt. Tui-Marathon-Palma.
**24./25. Dezember** Nadal, Weihnachtsfest mit zahlreichen Weihnachtskrippen in Kirchen und öffentlichen Gebäuden.
Die Stierkampfarena **21** **Coliseo Balear** wird häufig für Konzerte und andere Kulturevents genutzt. Schon zweimal war „Wetten dass…“ zu Gast. Stierkämpfe werden sonntags zwischen Juni und September ausgetragen (Calle Arxiduc Lluis Salvador 84, nördl. des Zentrums).

**EINKAUFEN** Modeboutiquen, Läden für Feinkost, Schmuck und Wohnaccessoires sind zahlreich in den Straßen Jaume II und Jaume III sowie in der Calle Sant Miguel und am Passeig des Born vertreten. Mode internationaler Designer findet sich vor allem am Passeig des Born und in den Gassen östlich davon. Palma wird mehr und mehr zu einem Zentrum für den Kunsthandel. Wichtige **Kunstgalerien** sind Jule Kewenig (Calle Sant Feliu), Galeria Ferran Cano (Calle Forn de la Gloria 12) oder die Galeria Kunstmann (Calle Sant Feliu 18). Im alten Hafenviertel Puig de Sant Pere gibt es besonders viele Galerien.
In der **22** **Markthalle Mercat de l'Olivar** kaufen auch viele Restaurants frische Zutaten ein (Mo. bis Sa. 7.00–14.00 Uhr). Der Flohmarkt Es Rastre findet am Sa.-Vormittag im Altstadtviertel Sa Portella rund um die Plaça Villalonga und der Plaça des Camp statt.

*Am Hafen von Palma*

**NACHTLEBEN** In den Gassen hinter der Llotja im Altstadtviertel Puig de Sant Pere finden sich viele Bars und Kneipen, etwa die teure, aber sehr sehenswerte **Cocktailbar Abaco** (Calle Sant Joan 1). **Opio** ist das trendige Bar-Restaurant des Hotel Puro (Calle Montenegro 12). Ein echter Musikclub mit vielversprechendem Namen ist der **Jazz Voyeur Club** (ehemals Barcelona Café, Calle Apuntadores 5). Am Passeig Maritim westlich der Festung Sant Pere finden sich weitere Bars und Diskos, wie der Klassiker Tito´s oder Abraxas (Passeig Maritim 42).

**AKTIVITÄTEN** Die nostalgische Bahn **Roter Blitz** nach Sóller fährt mehrmals tgl. ab Bahnhof Plaça d'Espanya. Eine Rundfahrt durch den Hafen bietet von Feb. bis Okt. **Cruceros Marco Polo** an. Abfahrt ist gegenüber der ehemaligen Handelsbörse Sa Llotja (Tel. 971242006).

**INFORMATION**
*OIT Casal Solleric*
*Passeig des Born 27*
*Tel. 902102365*

*OIT Parc de les Estancions*
*Plaça d'Espanya*
*Tel. 902102365*

*OIT Palma de Mallorca*
*Plaça de la Reina 2*
*Tel. 971712216*
*www.palma-virtual.com*

**Tipp**

## Beste Shoppingadressen

**Colmado** Ein höhlenartiger Feinkostladen voller mallorquinischer Spezialitäten.
*Calle Santo Domingo 1*
**Tabacos Roig** Hier werden schon seit dem Jahr 1890 Zigarren verkauft. Anspruchsvolle Auswahl zu guten Preisen.
*Passeig des Born 20*
**Gordiola** Filiale der Glasmanufaktur.
*Jaume II, 14*
**Custo** Die schrill-bunte Mode des katalanischen Designers wurde durch die TV-Serie „Sex and the City“ bekannt.
*Calle San Miguel 15*
**Camper** Schuhe aus Inca.
*Calle San Miguel 17*
**Dialog** Deutsche Buchhandlung.
*Plaça Carme 14*

## Nicht versäumen!

KULTUR

**Kathedrale im Licht**
Ein Besuch der Kathedrale von Palma ist ein Muss. Zuerst sollte man einfach das phänomenale Licht in ihrem Inneren auf sich wirken lassen, dann kann man sich den Baldachin von Gaudí genauer ansehen und die neue Kapelle Sant Pere.

**TOPZIEL** Siehe Nr. **04**

KULTUR

**Kunst und Kaffee**
Palmas neues Museum für Kunst der Moderne und Gegenwart, Es Baluard, wurde in die alte Festungsanlage von Sant Pere hineingebaut. Neben der sehenswerten Sammlung hat es auch eine Café-Terrasse und ein Restaurant.

Siehe Nr. **12**

ERLEBEN

**Der schönste Blick über die Stadt**
Westlich des Stadtzentrums thront das Castell de Bellver über der Hafenbucht. Der Burgpalast wurde 1315 fertiggestellt, im 18. Jahrhundert als Gefängnis genutzt und kann zum Teil besichtigt werden. Unvergleicher Blick über die Stadt!

Siehe Nr. **17**

KULTUR

**Kunst und Buntes – Kunterbuntes**
Im modernistischen Atelierhaus von Josep Lluis Sert arbeitete der Künstler Joan Miró bis zu seinem Tod im Jahr 1983. Durch den Verkauf von Bildern aus dem Nachlass konnte die Stiftung den Museumsbau finanzieren, der 1992 von Rafael Moneo entworfen wurde.

Siehe Nr. **18**

ERLEBEN

**„Best of Spain”**
Eine Art „Best of Spain“ zeigt das im Jahr 1967 erbaute Poble Espanyol. 22 spanische Baudenkmäler sind dort in kleinerem Maßstab nachgebaut. Das spanische Dorf wird von einigen Kunsthandwerkerläden und Cafés belebt.

Siehe Nr. **19**

# Promis, Partys und Paellas

Die Bucht von Palma und der Südwesten der Insel sind voller Gegensätze. Erstaunlich, dass das Nebeneinander von VIP-Siedlungen, Luxushotels, Bettenburgen und Partytourismus so gut funktioniert. Obwohl ein Ort dem anderen gleicht, ist doch jeder eine eigene Welt.

*Urlaubshochburg S'Arenal: Wo einst nur Sand, Dünen und ein paar Bäume zu finden waren, drängen sich heute auf einem etwa sechs Kilometer langen Küstenstreifen mehr als 200 Hotels*

01

02

03

04

*Wie auch immer man zur sogenannten Ballermann-Kultur steht – ohne Zweifel ist sie ein Stück deutsch-mallorquinischer Tourismusgeschichte.*

Es ist Sonntag im Sommer. Am weiten Sandstrand der Playa de Palma liegen die Badegäste Handtuch an Handtuch. Auf der Promenade spazieren Urlauber in Scharen, genießen den Süden, den Blick aufs Meer und auf die Skyline der Bucht mit der Hauptstadt La Palma. In Richtung Can Pastilla tupfen die Segel der Kitesurfer den Himmel, während ein Flieger nach dem anderen hinter den Hotelblocks mit den roten Signalleuchten zur Landung ansetzt. In Spitzenzeiten starten und landen bis 1000 Flugzeuge pro Tag. Schaut man nach Osten, in Richtung Arenal, sieht es aus, als hätte sich eine kompakte Menschenmasse zu einer Demonstration versammelt. Je weiter man die Promenade entlang spaziert und sich den Strandbars mit den Nummern 7, 6 und 5 nähert, desto lauter wird es. Jugendliche und in ihrem sonstigen Leben sicherlich respektable Erwachsene geben von Zeit zu Zeit ein Gebrüll von sich, das selbst die Talayoten, die Urbewohner Mallorcas, als barbarisch empfunden hätten. Die Geräuschkulisse erinnert an Fußballfans nach einer gewonnenen Meisterschaft – hier und da glaubt man auch die Liedzeilen eines deutschen Gassenhauers herauszuhören: Hossa, Hossa! Spanier, Skandinavier oder Italiener kommen gerne mal an die Playa de Palma, um zu schauen, was die Deutschen unter dem Schlagwort „Ballermann“ oder „Arenal“ verstehen. Je mehr man sich dem Gegröle nähert, desto mehr ist der Strand von trinkenden Abiturienten, Volleyball- und Fußballclubs oder Cliquen durchsetzt. Viele haben ihre eigene Musik dabei und versorgen sich aus Kühlboxen mit frischem Bier. An der Promenade selbst stapeln sich die Bierflaschen, die aus den Supermärkten an der Promenade herangeschleppt werden. An der berühmtesten Strandbar, dem Balneario 6, ist der Andrang groß. Im Unterschied zu den Strandgelagen verhält man sich dort jedoch recht gesittet. Seitdem die Sangría-Eimer verboten sind, die Schließzeiten und Lärmverordnungen rigide, ist aus dem legendären Ballermann eine brave Trinkhalle mit Meerblick geworden.

**Auslaufmodell „Ballermann“?**

Vielleicht wird es in einigen Jahren mit der Party von Arenal – wie kurzerhand der gesamte Küstenabschnitt genannt wird – vorbei sein. Noch ist es aber nicht so weit. Der Mythos „Ballermann“ hat lediglich den Ort gewechselt, hat sich in festzeltgroße Bierhallen wie Megapark, Oberbayern und Schinkenstraße verlagert. Es braucht anscheinend nicht viel, damit die vornehmlich deutsche Seele zufrieden ist. Stimmt der Alkoholspiegel, gerät die Masse bei den musikalischen Leistungen eines DJ Ötzi

**01** *Ballermann life: Wo der Bierkönig residiert, …*
**02** *… Polarbären am Strand promenieren, …*
**03** *… da kann man abends nur noch absacken*
**04** *Schneewittchen und die (mehr als) 7 Zwerge*

01

02

03

04

oder Jürgen Petri schier außer sich. Wie auch immer man zur sogenannten Ballermann-Kultur steht. Ohne Zweifel ist sie ein Stück deutscher-mallorquinischer Tourismusgeschichte. Wenn das geplante Tourismus-Museum demnächst fertig sein wird, gebührt der „Badia de Palma“, der Bucht von Palma und Arenal ein Ehrenplatz.
Der Inselregierung in der Hauptstadt La Palma ist der Sauf- und Schmuddeltourismus schon lange ein Dorn im Auge. Deshalb soll in den nächsten 15 Jahren der gesamte Bereich von Can Pastilla bis S'Arenal für insgesamt eine Milliarde Euro modernisiert werden. Geplant sind in diesem Zusammenhang unter anderem eine Straßenbahnanbindung, bessere Radwege und ein Grüngürtel mit Sportmöglichkeiten.

### Mallorquinisches Las Vegas

Mit seinem Angebot von 42 000 Betten wird die Playa de Palma nur von der Gemeinde Calvià übertroffen (46 200 Betten): Dort konzentriert sich ein Großteil der Hotels auf die Orte Palma Nova und Magaluf, sozusagen die britischen Pendants zum „deutschen“ Arenal. Mit den Bars und Pubs, den Schnellrestaurants, Spielhöllen und Diskotheken bekommen die mallorquinischen Nächte hier einen Hauch von Las Vegas. Poker, Roulette und Black Jack werden im Gran Casino de Mallorca gespielt. Das einzige Kasino der Insel liegt südlich von Magaluf in der Urbanisation „Sol de Mallorca“.

### Man spricht deutsch

„Urbanisation“ ist ein spanisches Reizwort. Es kann für geschützte und bewachte Wohnenklaven stehen, für architektonische Monotonie, für die Lizenz zum Gelddrucken, für den Traum von den eigenen vier Wänden und auch für Korruption.

*Wo man der Natur noch etwas Platz gelassen hat, wachsen Pinien in den Himmel.*

Der „Ponent“ – die Südwestküste – gehört zu den Spitzenlagen auf Mallorca. Die Landschaft ist hügelig und öffnet sich dem Meer in vielen kleinen Buchten. Wo man der Natur noch etwas Platz gelassen hat, wachsen Pinien in den Himmel. Der Rest ist, wenn irgend möglich mit Ferienhäusern und den genannten Urbanisationen bebaut. In Santa Ponça und seinem weiträumigen Siedlungsgebiet kann man schon das Gefühl bekommen, wieder in Deutschland zu sein. Die Dauer- oder Saisongäste können auf eine durchweg deutsche Infrastruktur vertrauen. Vom Bäcker über den Arzt bis zum Wirt oder dem Chefkoch – man spricht deutsch. Das Mallorca-Magazin schätzt die inoffizielle Zahl der deutschen Residenten auf 70 000.

### Die Küste der Reichen

An den Felsen, die den Naturhafen Port d'Andratx umgeben, kleben die Villen wie die sprichwörtlichen Schwalbennester. Im sogenannten „Düsseldorfer Nest“ ist unter 1,5 Millionen Euro keine Finca, Villa und kein Chalet mehr zu bekommen. Im Spitzensegment geht es bis knapp unter die 30-Millionen-Euro-Marke. Der ehemalige Präsident von Real Madrid, Florentino Perez, hat sich ein Häuschen in dieser Preisklasse zugelegt. Knapp darunter dürfte das Anwesen von Claudia Schiffer an einen russischen Millionär gegangen sein – das Super-Model hatte in einer der 120 Villen residiert, die der Russe Pedro Otzoup entwarf. Der im Jahr 2000 verstorbene Architekt war zur rechten Zeit nach Andratx gekommen: Mit seinen Villen im „mediterranen Stil“, in denen etwa alte Balken aus Olivenholz und Natursteine zum Einsatz kamen, fand er viele Nachahmer.
Die Bewohner der Luxushügel begeben sich am Abend gerne mal in Richtung Hafen. Dort kann man nett flanieren, dinieren und sich am milden Klima des Südwestens freuen. Inzwischen heizen neue Reiche aus

**01** *Beachvolleyball am Strand von S'Arenal*
**02** *Unterwasserwelt im Palma Aquarium*
**03** *Wohin des Wegs, Señora?*
**04** *Freizeitspaß unter blauem Himmel*

01

02

03

04

*Die Bewohner der Luxushügel begeben sich am Abend gerne mal in Richtung Hafen. Dort kann man nett flanieren, dinieren und sich am milden Klima des Südwestens freuen.*

**01** *Strandfreuden: an der Halbinsel Punta Negra*
**02** *Swimmingpool des „Ägyptischen Spa“ im Mardavall Hotel & Spa Mallorca Island an der Halbinsel Punta Negra*

**03** *Don Quijotes Kampf (gegen die beständig steigenden Immobilienpreise etwa) war doch vergeblich, und von den Windmühlen blieb nur die Zier*

**04** *Einen knappen Kilometer von der Kathedrale von Palma de Mallorca entfernt, sammeln sich an der Marina im „Trend-Stadtteil“ Portixol Fischerboote und Jachten*

01

02

03

04

SPECIAL Qualitätsverbesserung im Mallorca-Tourismus

# Ballermann war besser

**Die Studie überraschte. Nicht der Billigtourismus der Playa de Palma und der unter dem Schlagwort „Ballermann" gehandelte Massen- und Spaßtourismus sind die großen Zerstörer der Inselidylle, sondern der Prestige- oder Luxustourismus.**

Thomas Schmitt, Professor an der Ruhruniversität Bochum, hat mit seinen Studenten mehrere Jahre lang die Landschaftsentwicklung Mallorcas verfolgt. „Ballermann war besser" fasst die Uni das Ergebnis der 2007 vorgelegten Studie zusammen: „Der große Unterschied zwischen traditionellem Massen- und neuem Prestigetourismus besteht darin, dass der Massentourismus sehr viel höhere Einnahmen bei gleichzeitig sehr viel geringerem Landschaftsverbrauch erzielt", erklärte Schmitt.

## Luxus und Ökologie

Damit widerspricht die Studie der Neuausrichtung des Inseltourismus: Seit Jahren versucht sich Mallorca mit gutem Erfolg als Reiseziel für eine zahlungskräftige und zum Teil exklusive Kundschaft zu positionieren. Der Imagewandel wurde auch betrieben, um einen nachhaltigeren Tourismus zu erreichen. Aber durch die Golfanlagen, die Pools der Zweitwohnsitze und die Bewässerung der Gärten steigt zum Beispiel der Wasserbrauch drastisch. Noch schwerwiegender sind die Veränderungen der mallorquinischen Landschaft. Die Zweitwohnsitze und Golfplätze haben einen enormen Platzbedarf, der auf einer Insel zwangsläufig begrenzt ist. „Eine bessere Lösung als die Erschließung immer neuer Gebiete für den Tourismus", so der Universitätsprofessor Schmitt, „wäre die Qualitätsverbesserung in bestehenden Gebieten mit dem Ziel gleich bleibender Gästezahlen."

*Aufstrebende Neubauten in S'Arenal*

Russland und Asien dem Immobilienmarkt weiter ein. Die Grundstückspreise, die zwischen 1999 und 2006 um 225 Prozent gestiegen sind, steigen erneut. Wer ein Haus an der Küste der Reichen hat, der braucht sich um die Rendite seiner Wertanlage keine Sorgen zu machen.

## Der Drache schläft

Glücklicherweise ist es nicht immer nur das Kapital, das den Lauf der Dinge bestimmt. Von Port d' Andratx sind es nur wenige Kilometer durch duftende Pinienwälder, schon ist man in einer anderen Welt: In Sant Elm sieht man keine Männer mit italienischen Sportwagen oder Damen in Prada-Schuhen. Hier ist der robuste Wanderstiefel mehrheitsfähig. Im Ort gibt es das Hostal „El Dragonera" und eine Handvoll Hotels sowie Restaurants mit wunderbarem Blick. Vom „El Pescador" etwa schaut man über den kleinen Hafen hinüber zur Insel La Dragonera. Wäre es nach dem Willen eines Investors gegangen, stünden dort nun viele kleine Ferienhäuser. Dem Mut und der Ausdauer einiger Umweltaktivisten ist es zu verdanken, dass die Dracheninsel noch immer wie ein schlafender Riese im Wasser liegt. Das kleine Boot, das ein paarmal am Tag vom Hafen hinüberfährt, um ein paar Wanderer dort abzusetzen, stört seine Ruhe nicht.

**01** *Traumlage: Finca in S'Arraco bei Port d'Andratx*
**02** *Mekka der Reichen: Port d'Andratx*
**03** *Luxusjacht unter Palmen: Puerto Portals*
**04** *Wehrhafte Natur*

PALMA
(CIUTAT DE MALLORCA)
Badia de Palma
SA DRAGONERA
Parc Natural de Dragonera
Andratx
Calvià
Esporles
Puigpunyent
Marratxí
Santa Maria del Camí
Es Capdella
Sant Elm
Port d'Andratx
Camp de Mar
Peguera
Santa Ponça
Magaluf
Palma Nova
Portals Nous
Illetes
Cala Major
Gènova
EL TERRENO
EL MOLINAR
LA SOLEDAD
s'Arenal
Can Pastilla
Cap de Cala Figuera
Cap d'es Llamp
Cap de sa Mola
Cap Llebeitx
Cap Enderrocat
Cap de Regana
Ensenada de Santa Ponça
Badia de Andratx
Aeroport de Son Sant Joan
01
02
03
04
05
06
07
08

# Jubel, Trubel, Heiterkeit

An die Playa de Palma im Osten der Hauptstadt kommt man vor allem, um zu feiern. Von Palma bis Port d'Andratx ist die hügelige und buchtenreiche Landschaft dicht mit Hotels und Ferienhäusern übersät. Golfplätze, Fünf-Sterne Hotels und ein Sporthafen mit sündhaft teueren Yachten locken diejenigen, die es sich leisten können. Wer dem Trubel entfliehen will, der findet an der Westspitze in Sant Elm ein kleines Naturparadies.

*Inselträume unter Palmen: In der Bucht von Palma würde Robinson Crusoe nicht lange allein bleiben …*

## 01 PLATJA DE PALMA

**Mit ihren langen Sandstränden wurde die Bucht von Palma zu einem der ersten Gebiete des Massentourismus. Nach der Bucht von Alcúdia ist sie die größte Bucht der Insel. Mit luxuriösen Hotelkomplexen, einer kilometerlangen Strandpromenade und neuen Freizeitangeboten wie dem Meeresaquarium wird am ramponierten Ruf gearbeitet.** Der bekannteste Ort ist Arenal, der oft synonym für den ganzen Küstenabschnitt steht. Arenal wurde zum Inbegriff des (deutschen) Partytourismus auf Mallorca. Weiter in Richtung La Palma liegt Can Pastilla, das ein international gemischtes Publikum hat. Seine Lage in der Einflugschneise des Großflughafens Sant Joan ist aber ein großes Manko.

**SEHENSWERT** **Sandstrand** und **Promenade** sind die Hauptattraktionen der Bucht. In Bierhallen wie Bierkönig oder Megapark herrscht von Frühling bis Herbst eine Art Oktoberfestatmosphäre.

**AKTIVITÄTEN** Jetski, Wind- und Kitesurfing, Parasailing, Banana-Boat, Beachvolleyball. Auf dem Radweg, der entlang der Promenade bis nach La Palma führt, genießen Inliner und Radler den Blick auf die Bucht. **Aquacity** am Ortsausgang von Arenal in Richtung Cala Blava ist das größte Spaßbad der Insel (15. Mai–Sept. tgl. 10.00–17.00, Juli/Aug. bis 18.00 Uhr).
**Palma Aquarium** heißt ein ganz neuer Meereswasserpark, in dem rund 700 unterschiedliche Arten in 55 Aquarien leben. Im Glastunnel geht es durch „the Big Blue“, wo Haifische ihre Runden drehen. (Autobahnausfahrt 10, Calle Manuela de los Herreros i Sorà 21, tgl. 10.00–18.00 Uhr, www.palmaaquarium.com.)

**NACHTLEBEN** Das Nachtleben konzentriert sich auf die Zone hinter den Balnearios 5 bis 8. Liegt also nicht in Arenal, sondern im Ortsteil Ses Maravelles. In der Saison (April– Ende Sept.) werden hier regelmäßig feucht-fröhliche Massengelage abgehalten. Animiert von Gogos, aktuellen und nicht mehr ganz so aktuellen Schlagerstars oder einfach durch eine Sportübertragung auf Großleinwand scheint sich die deutsche Seele hier sehr wohl zu fühlen. Anschließend trifft man sich in Discotheken wie Riu Palace, Paradis oder Megaarena.

**INFORMATION**
*OIT S'Arenal*
*Plaça de la Reina Cristina*
*E-07620 S'Arenal*
*Tel. 971440414*

## 02 CALVIÀ • ILLETES

**Villen, Hotels und gepflegte Apartmentanlagen prägen das Bild von Ses Illetes. Verwaltungstechnisch gehören die Badeorte an der Westseite der Bucht von Palma zu Calvià, das selbst wenig zu bieten hat.**

**SEHENSWERT** **Coves de Gènova** ist eine vergleichsweise kleine Tropfsteinhöhle, die im Rahmen einer Führung besichtigt werden kann (beim Restaurant Cueva, Carrer Barranc 45, April-Okt. 10.00–13.30 und 16.00–19.00 Uhr, sonst 10.00–13.00 und 16.00–18.00 Uhr). **Castell Bendinat** heißt ein Herrenhaus, das im 19. Jh. auf einem ursprünglich arabischen Anwesen im neogotischen Stil umgebaut wurde. In der Nähe der Autobahnabfahrt nach Ses Illetes. Keine Besichtigung möglich.

**AKTIVITÄTEN** Ses **Illetes** hat einen kleinen, recht ruhigen Sandstrand. Reiten speziell für Kinder bietet der **Pony Club Calvià** an (Finca Sa Punta, E-07184 Calvià Vila, Tel. 609646248, www.ponyclubcalvia.com).
**Golf** spielen kann man im Real Golf Bendinat (Calle Campoamor, s/n, E-07181 Urbanisation Bendinat, Tel. 971405200, www.realgolfbendinat.com).

**INFORMATION**
*OIT Illetes – Calvià,*
*Passeig d'Illetes 4*
*E-07183 Ses Illetes*
*Tel. 971402738*
*www.visitcalvia.com*

## 03 PORTALS NOUS

**TOPZIEL** **Wer hat die teuerste Jacht, wer das schnellste Auto, wer die schickste Begleitung?** Am schönen, schicken Hafen von Portals Nous kann man zeigen, ob man es zu sehr viel Geld und vielleicht sogar auch zu einigem Reichtum gebracht hat: Hier findet man ein Stück Mallorca mit Marbella-Flair.

**AKTIVITÄTEN** Delphin- und Seelöwenshows, Aquarium, Papageien, Pools und mehr gibt es im **Marineland** zu sehen (Calle Garcilaso de la Vega 9 in Richtung Costa d'en Blanes, tgl. 10.30 bis 17.30 Uhr, www.marineland.es).

## 04 PALMANOVA · MAGALUF

**Vor allem britische Pauschalurlauber kommen in die Touristenhochburg.** Teilweise riesige Hotelanlagen säumen die Buchten von Palmanova und Magaluf, die als Orte ineinander übergehen.

**AKTIVITÄTEN** Im Spaßbad **Aqualand** fühlen sich vor allem Kinder wohl (Cala Figuera, Mai bis Okt, tgl. 10.00–18.00 Uhr, www.aqualand.es). **Western Park** heißt ein Themenspaßbad mit Wildwest-Ambiente für die ganze Familie (Cala Figuera 12–22, Mai/ Juni/Sept. 10.00–17.00, Juli/ Aug. bis 18.00 Uhr, www.westernpark.com). Das

Tipp

### Sterneküche vom Feinsten

Schon seit vielen Jahren steht das mit zwei Michelin-Sternen ausgezeichnete Tristán an der Spitze der mallorquinischen Restaurants. Um die Vielfältigkeit der Küche des deutschen Meisterkochs Gerhard Schwaiger kennenzulernen, empfiehlt sich ein Tapas-Menü, das in knapp zehn Gängen serviert wird. Mit der passenden Weinfolge kommt man dem Himmel auf Erden schon ziemlich nah. Das hauseigene Bistro ist so etwas wie die „leichte Version" von Schwaigers Food-Kosmos.

€€€ **Tristán,** *Plaça del Porto, Port Portals, Tel. 971675547, www.grupotristan.com, Mo. geschl.*

**House of Katmandu** sieht aus, als wäre es gerade vom Himmel gefallen – mit dem Dach zuerst. Im Innern erlebt man Abenteuer im Stil von Indiana Jones in einer multimedialen Erlebniswelt (Av. Pedro Vaquer Ramis 9, tgl. 10.00–24.00 Uhr, www.houseofkatmandu.com).

**NACHTLEBEN** Die **Großdisco BCM** (bis zu 5000 Besucher) ist bis weit über die Grenzen von Magaluf bekannt. Das einzige **Casino** der Insel liegt südlich bei Portals Vells in der Urbanisation Sol de Mallorca (Tel. 971130000, Ausweis erforderlich).

**UMGEBUNG** Von Magaluf aus lässt sich die Südspitze mit schönen Buchten und Stränden sehr gut erkunden.

**INFORMATION**

*OIT Palmanova*
*Passeig de la mar 13*
*E-07181 Calvià*
*Tel. 971682365*

*OIT Magaluf*
*Calle Pere Vaquer Ramis 1*
*E-07182 Magaluf*
*Tel. 971131126*
*www.visitcalvia.com*

## 05 SANTA PONÇA

**In der Bucht von Santa Ponça landete im Jahr 1229 König Jaume I. An den damit verbundenen Sieg der Christen über die Moslems erinnert ein Steinkreuz.** Bis zum Horizont soll das Meer damals weiß von den Segeln der Flotte gewesen sein. Ähnlich voll wird es in den Sommermonaten am feinen Sandstrand.

**AKTIVITÄTEN** **Golf** spielen kann man im Habitat Golf Santa Ponça (Urbanisation Santa Ponça, Tel. 971699064, www.habitatgolf.es).

**INFORMATION**

*OIT Santa Ponça*
*Puig de Galatzó 1*
*E-07180 Santa Ponça*
*Tel. 971691712*
*www.visitcalvia.com*

## 06 PEGUERA

**Hinter drei teilweise pinienbeschatteten Sandstränden liegt Peguera. Der rein touristische Ort ist dank seiner niedrigen Bebauung fast dörflich.** Auch hier spricht man

Tipp

### Wie man sich bettet ...

Zwischen Palma und Andratx finden sich einige der besten Hotels Mallorcas. Hier eine kleine Bestenliste:

Noch zu Palma gehört das Nobelviertel Son Vida. Dort steht nicht nur das €€€€ **Arabella Sheraton Golf Hotel Son Vida** (*Tel. 971787100, www.arabella-sheraton.com*), wo sich die deutsche Nationalmannschaft für die EM 2008 vorbereitet hat, sondern auch das €€€€ **Castillo Son Vida** (*Tel. 971493493, www.hotelsonvida.com*). Das imposante Anwesen aus dem 13. Jahrhundert, das kürzlich für 27 Millionen Euro renoviert wurde, ist vielleicht die edelste Unterkunft, die Mallorca zu bieten hat.

Ebenfalls zur Schörghuber-Gruppe gehört das €€€€ **Mardavall Mallorca** (Abbildung oben) in Costa d'en Blanes (*Tel. 971 629629, www.mardavall-hotel.com*). Das erste St. Regis-Hotel in Europa besticht mit einem 4700 m² großen Wellness-Bereich.

Das €€€€ **Dorint Royal Golfresort & Spa** in Camp de Mar ist trotz seiner Größe individuell (*Tel. 971136565, www.dorint-resorts.com*).

Klein und fein ist dagegen das €€€€ **Hotel Villa Italia** in Port d'Andratx. Leider bleiben die Suiten im alten Gebäudeteil den meisten Mallorca-Urlaubern verwehrt. Sie sind einfach zu teuer (*Tel. 971674011, www.hotelvillaitalia.com*).

deutsch, tanzt aber nicht wie an der Playa de Palma auf den Tischen.

**SEHENSWERT** Architektonisch interessant ist die **Apartmentanlage Aldea Cala Fornells**, (2 km südl.), die der russische Architekt Pedro Otzoup entworfen hat. Hier lassen sich die Ursprünge des sogenannten Mittelmeerstils studieren.

**AKTIVITÄTEN** **Tauchen** lernen kann man in der El Buceo Paguera-Tauchschule (Boulevard de Peguera, Tel. 971674217, www.andratx-divers.com).

**NACHTLEBEN** Beliebte Anlaufstellen sind **Harrys Bar** sowie die Diskotheken **Palladium**, **Rendezvous** und **Brassaï**.

**INFORMATION**
*OIT Peguera,*
*Calle Ratolí 1, E-07610 Peguera, Tel. 971687083*
*www.visitcalvia.com*

## 07 ANDRATX • PORT D'ANDRATX

**Nur am Mittwoch, wenn Markttag ist, kommen auch die Touristen ins Landstädtchen Andratx. Der Hafen Port d'Andratx ist beliebt bei deutscher und internationaler Prominenz. Unbeeindruckt vom Treiben der Touristen an der Küste geht man in Andratx dem Alltag nach. An der Hafenmole und in den Cafés von Port d'Andratx trifft man dagegen auf einen entspannten, leicht elitären Lebensstil.** Die Immobilienpreise auf den felsigen Hügeln rund um den Hafenort sind astronomisch. Wer eine der spektakulären Villen von Pedro Otzoup sein Eigen nennt, braucht sich über Geld keine Gedanken mehr zu machen. Port d'Antratx ist allerdings auch ein Negativbeispiel für Immobilienspekulation und Korruption.

**SEHENSWERT** Die **Wehrkirche Santa Maria** von Andratx geht auf das 13. Jahrhundert zurück. Von hier aus hat man einen schönen Blick über den alten Ortskern. Am Ortausgang fällt das **Stadtschloss Son Mas** auf, indem das Rathaus untergebracht ist. Port d'Andratx besitzt einen schönen Naturhafen.

**MUSEUM/GALERIE** Das **Centro Cultural Andratx** zeigt zeitgenössische Kunst (Carretera Andratx-Es Capdellà, Di.–Fr. 10.30–19.00, So. 10.30–16.00 Uhr, www.ccandratx.com). Ein architektonisches Kleinod ist das **Studio Weil** an der Südostseite der Bucht. Das Galeriehaus hat der renommierte Architekt Daniel Libeskind für die amerikanische Künstlerin Barbara Weil entworfen (nach Voranmeldung, Tel. 971671647).

**AKTIVITÄTEN** Von der Tauchbasis und Schule Dragonera Divers fährt man gut 40 Tauchreviere an – auch an der Naturpark-Insel Sa Dragonera (Almirante Riera Alemany 23, Puerto d'Andratx, Tel. 971674376, www.aqua-mallorca-diving.com). Dorthin kann man auch Bootsausflüge machen. An der Straße nach Capdella (4 km nördl.) liegt das Weingut Santa Catarina (Weinproben So. 12.00–14.00 Uhr, Tel. 971235413).

**NACHTLEBEN** Für seine Größe hat Port d'Andratx ein recht reges Nachtleben. Beliebt sind **Mitj & Mitj** und **Havanna** (beide Av. Riviera Alemany). Im Disco-Klassiker **Barracuda** (Avenida Mateo Bosch) wurden auch schon Promis wie Claudia Schiffer oder professionelle Selbstdarsteller wie Dieter Bohlen gesichtet.

**INFORMATION**
*OIT Port d'Andratx*
*Calle Fàbrica, E-07157 Es Port*
*Tel. 971671300*

## 08 SANT ELM

**Ein kleiner Badestrand, eine Handvoll Hotels und ein Hafen im Miniaturformat: Fast ist es ein Wunder, dass es an der Küste Mallorcas noch einen Ort wie Sant Elm gibt.** Viele Besucher des 300-Einwohner-Dorfes haben Wanderstiefel an. Das hat seinen Grund. Die Westspitze Mallorcas ist ein herrliches Wandergebiet. Vom kleinen Hafen fährt eine Fähre zur Isla Dragonera.

**AKTIVITÄTEN** Der kleine Sandstrand ist auch für Kinder gut geeignet. Eine beliebte Wanderung führt zum ehemaligen Trappisten-Kloster Sa Trapa im Nordwesten. Für die ausgeschilderte Route kann man einen halben Tag einplanen.
Vom kleinen Hafen fahren zwischen März und Nov. tgl. Fähren zur Insel Sa Dragonera (Tel. 9717577065). Das als Naturpark geschützte Eiland ist Heimat von mehr als 300 Pflanzenarten. Im Infozentrum (April-Sept. tgl. 10.00–17.00 Uhr, Winter 10.00–15.00 Uhr) erfährt man mehr über Fauna und Flora der „Dracheninsel". Führungen unterschiedlicher Länge bietet der gemeinnützige Verein „United Fans Group" an (www.uffg.es).

*Einladung zur Rast: in Sant Elm*

**INFORMATION**
*Infozentrum Parc Natural de Sa Dragonera*
*Tel. 971180632*

## Nicht versäumen!

ERLEBEN

**Mythos Ballermann**
Um die Faszination zu verstehen, die viele Teutonen am kollektiven Trinken haben, empfiehlt sich ein Besuch in Ses Maravelles am Abend. Für die Rückfahrt ins Hotel sollte man sicherheitshalber ein Taxi einplanen.

Siehe Nr. 01

KINDER

**Meereswelt zum Greifen nah**
In Mallorcas neuem Meeresaquarium in Can Pastilla leben 8000 Meerestiere in 55 Aquarien und insgesamt fünf Millionen Liter Salzwasser. Nicht nur für Kinder ein didaktisch-unterhaltsamer Ausflug in die Unterwasserwelt.

Siehe Nr. 01

ERLEBEN

**Mallorcas nobelster Jachthafen**
Die Hafenpromenade mit Restaurants und teueren Boutiquen ist ein Laufsteg der Eitelkeiten. Vor der Kulisse aufpolierter Jachten – manche im Format eines Mehrfamilienhauses – genießt man das Marbella-Feeling.

TOPZIEL Siehe Nr. 03

NATUR

**Naturhafen – natürlich schön**
Auch wenn die Villen und Zweitwohnsitze fast jeden freien Quadratmeter Boden beanspruchen – der natürliche Hafen von Port d'Andratx ist immer noch eine Schönheit. In der Hauptsaison geht es recht mondän zu, ansonsten ruhiger.

Siehe Nr. 07

AKTIV

**Auf den Spuren der Mönche**
Am Ortsende von Sant Elm geht's los: Immer dem Schild „Sa Trapa" folgend, führt hier eine Wanderung durch die wunderbare Landschaft des Südens mit Ausblicken über die Felslandschaft und das Meer. Ziel ist das ehemalige Trappistenkloster.

Siehe Nr. 08

# Berge und Meer – das große Kino der Natur

An der Nordwestküste fällt die Serra de Tramuntana steil ins Meer. Nirgendwo ist Mallorca romantischer. Entlang der Küstenstraße öffnen sich immer wieder neue Ausblicke über Land und Meer. Im Süden des rund 80 Kilometer langen Gebirgszugs wachsen auf uralten Terrassen Obst und Wein. Im Norden dominieren Fels und Stein. Wilde Schluchten wie der Torrent de Pareis und romantische Dörfer ziehen schon seit mehr als 150 Jahren Künstler magisch an.

*Landschaft bei Escora, rund acht Kilometer westlich von Lluc*

01

02

03

Es gibt Orte, die lassen einen nicht mehr los. Deià ist so ein Ort. Das 800-Einwohner-Dorf liegt an der wilden Nordwestküste, jener Seite, an der das Tramuntana-Gebirge in ein oft tiefblaues Meer stürzt und eine Landschaft geschaffen hat, die ebenso malerisch ist wie spektakulär. Ava Gardner, Gabriel García Marquez, Anaïs Nin, Julio Cortázar, Anthony Burgess, Alec Guinness, Peter Ustinov oder Djuna Barnes sind nur einige der Namen, die man mit dem Dorf verbinden kann.

### Ein Hippie aus dem Hause Habsburg

Schon in den 1930er-Jahren gab es in Deià ein Hotel, das heutige D'es Puig. Heute hat wohl kein Ort auf der Insel eine höhere Dichte an Luxushotels und Gourmetrestaurants pro Einwohner. Doch lange bevor Hollywoodstar Michael Douglas mit der Stiftung „Costa Nord“ in Valldemossa den Blick auf Mallorcas wilde Küste lenkte, machten sich andere um das Land verdient: Ludwig Salvator vor allem, im 19. Jahrhundert. Der österreichisch-toskanische Erzherzog fand am Hofleben nur wenig Interesse. Fremde Länder und Kulturen reizten ihn wesentlich mehr. Im Jahr 1867 kam er erstmals nach Mallorca, nannte sich Ludwig Graf Neudorf und durchstreifte die Insel. 1872 kaufte er Son Miramar, den ersten einer Reihe von Gutshöfen und Ländereien. Von diesem Zeitpunkt an lebte er meist auf der Insel, ließ Wege anlegen, Wälder aufforsten, baute alte Wehrtürme zu Aussichtspunkten um und studierte mit wissenschaftlicher Sorgfalt Natur und Kultur der Region. Das siebenbändige Werk „Die Balearen“, das er zwischen 1870 und 1891 verfasste, ist in seiner Vollständigkeit noch immer unerreicht. Botanik, Geografie und Volkskunde der Mittelmeerinseln werden darin behandelt. Son Marroig wurde zum geliebten Zentrum seines kleinen Reichs – vielleicht der Landsitz mit der schönsten Aussicht auf ganz Mallorca.
Auch was das Liebesleben betraf, soll der „Arxiduc“, wie die Insulaner den Erzher-

**01** *Son Marroig, der Landsitz des Erzherzogs*
**02** *„Künstlerdorf“ Deià*
**03** *Leuchtturm von Port de Sóller*

01

*„Wenn du das Paradies ertragen kannst, dann komm nach Mallorca“* Gertrude Stein

02

03

04

05

SPECIAL Malvasier

# Der Königswein

**Malvasia ist eine der ältesten Rebsorten der Welt. Ursprünglich aus Asien stammend, gedieh der Wein auf den Terrassen auf Mallorca besonders gut.**

An den Königshöfen gehörte es einst zum guten Ton, einen Malvasier aus Mallorca zu servieren. Wie man aus Dokumenten eines historischen Weinkellers in Banyalbufar weiß, wurde der mallorquinische Vorzeigewein Mitte des 19. Jahrhunderts vor allem in zwei Sorten hergestellt: als trockener, aromatischer Jahrgangswein oder im Fass gereift und mit Muskatellertrauben ergänzt. 1891 machte die Reblaus dem Weinbau auf Mallorca ein abruptes Ende. Erst im Jahr 2000 konnten in einem aufwendigen Prozess neue, gesunde Sprösslinge gezüchtet werden. Inzwischen wird dieser „neue Malvasier" von Weingütern angebaut, die sich zur Kooperative „Malvasia de Banyalbufar" zusammengeschlossen haben. Und mancher Tropfen regt zu lyrischer Beschreibung an: „Sauber und kristallklar, von blassgelber Farbe mit Anteilen von hellem Gold. Anhaltende Aromen von frischen Tropenfrüchten (Ananas, Mango) mit einem Hintergrund von weißen Früchten wie Birne, weißer Pfirsich …" (über den „Juxta Mare Malvasia" der Bodega Son Vives).

zog nannten, großen Forscherdrang und Individualität bewiesen haben. Seine Verbindung mit der Handwerkertochter Catalina Homar bot dem Wiener Hof reichen Gesprächsstoff. Den Landsitz S'Estaca, den Salvator ihr kaufte, nutzt heute Michael Douglas, um sich von Dreharbeiten zu erholen. Son Marroig aber gibt dem Besucher heute den besten Überblick über das Leben und Wirken des großen Individualisten. Und im ehemaligen Kloster des nahe gelegenen Miramar forschte im 13. Jahrhundert einer der klügsten Köpfe des Mittelalters: der in Palma de Mallorca geborene Dichter, Schriftsteller und Philosoph Ramón Llull.

### Künstler in Not

Im Jahr 1838 stieg im Hafen von Palma ein seltsames Paar mit zwei Kindern aus dem Dampfer aus Barcelona: Eine Frau, die sich gerne in Männerkleidern zeigte, und ein Musiker, der allem Anschein nach schwer krank war – das war der Landbevölkerung mehr als suspekt. Das Paar aus Paris – Frédéric Chopin und George Sand – hatte sich sagen lassen, dass es auch im Winter auf Mallorca angenehm warm und trocken sei. Eines der Kinder war krank, und auch Chopin, der an Tuberkulose litt, erhoffte sich eine Verbesserung seines Zustands. Aber auf Mallorca war es damals noch schwierig, eine Unterkunft zu finden; auch ein Piano für den Meister war nicht einfach aufzutreiben. Und was jeder Mallorca-Resident weiß, musste bald auch das Künstlerpaar einsehen: In den Wintermonaten wird die Baleareninsel mit üppigen Niederschlagsmengen bedacht.

Schließlich fand das Paar im Kartäuserkloster von Valldemossa, das nach der Säkularisierung durch die spanische Königin Isabel II. leer stand, eine Bleibe, und George Sand hat die Erlebnisse des Winters 1838/39 später in ihrem Buch „Ein Winter auf Mallorca" festgehalten. Darin beklagt sich die Französin über den ausgeprägten Geschäftssinn und die Engstirnigkeit der Inselbewohner, findet aber Gefallen an der improvisierten Unterkunft. Und von der Schönheit der Gebirgslandschaft ist sie sogar begeistert.

### Die grandiose Schönheit der Costa Nord

Natürlich muss man kein Künstler sein, um die grandiose Schönheit der Costa Nord wahrzunehmen. Wahrscheinlich ist es ein Glück, dass man im felsigen Nordwesten nur schlecht am Strand liegen kann. So konnte sich der Massentourismus in Form von Hotelanlagen nicht breit machen. Dabei haben die kleinen steinigen Buchten, die man über schmale Sträßchen oder zu Fuß erreicht, durchaus ihren Reiz, auch zum Baden. Breite Sandstrände gibt es al-

**01** *Freundliches Stillleben in Port de Sóller, das …*
**02** *… am Abend stimmungsvoll erleuchtet wird*
**03** *Malvasia-Wein im Café es Trast in Banyalbufar*
**04** *Privatkapelle in der Kartause von Valldemossa*
**05** *Stimmungsvoll illuminiert: Santa Catalina – Kachelbild in Valldemossa*

01

02

lerdings nur in Port de Sóller und Cala de Sant Vicenç.

### Im Tal des Goldes

Die Straße zwischen Andratx im Süden und dem Kap Formentor im äußersten Norden ist wunderschön – wenn man sich Zeit für die Fahrt lässt. Zeit, um den Wechsel der Landschaften zu genießen, um neben Deià auch weitere malerische Dörfer wie Banyalbufar, Estellencs und Lluc Alari anzusehen, um sich an dem Blick über die Bergflanken auf das oft tiefblaue Meer zu erfreuen. Besonders sehenswert ist auch das Tal von Sóller – ein einziger Garten der Düfte, in dem Avocados, Feigen, Oliven und Pfefferbäume wachsen, Orangen und Zitronen. Derzeit ist das „Tal des Goldes" mal wieder in einem Aufschwung. In Sóller, wo man sich manchmal fühlt, als wäre man in einer Kleinstadt in Südfrankreich, erleben kleine geschmackvolle Stadthotels eine Renaissance, und Port de Sóller gilt als das neue Eldorado der Investoren.

### Mallorcas dramatischste Schlucht

Allerdings kann die Küstenstraße, auch das muss gesagt werden, zu einer ziemlichen Belastungsprobe werden, wenn man es eilig hat. In jeder Hinsicht dramatisch ist die Fahrt auf der schmalen und noch kurvigeren Strecke in die Sa-Calobra-Schlucht. Diese Straße ist eine Hymne auf die Serpentine. Unten angekommen, passiert man ein Dutzend Ausflugslokale und einen Fußgängertunnel ehe man mit offenem Mund im Torrent de Pareis steht: Immer wieder haben sich Künstler an diesem Naturschauspiel versucht; regelrecht besessen von Mallorcas dramatischster Schlucht war der Maler Joaquim Mir, einer der bedeutendsten katalanischen Vertreter des Post-Modernisme. Ob seine Gemälde an die Wirklichkeit heranreichen, überprüft man am besten selbst, in demman sich zuerst seine Kunst im Museu Es Baluard ansieht und dann hierher an den Ort seiner Passion fährt, die Bucht von Sa Calobra.

**01** *Stilvoll unterwegs ...*
**02** *... zur Rally Classico-Isla de Mallorca*
**03** *Terrassenartig am Hang gelegen: Banyalbufar*
**04** *Traumschön: die Bucht von Sa Calobra*

01
02
03
04
05
06
Sóller
Port de Sóller
Deià
Valldemossa
Fornalutx
Puig Major
Escorca
Lluc
Santuari de Monestir de Lluc
Sa Calobra
Cala Tuent
Embalse de Cúber
Embalse de Gorg Blau
Macanella
Inca
Selva
Caimari
Mancor de la Vall
Lloseta
Alaró
Bunyola
Binissalem
Consell
Santa Maria del Camí
Marratxí
Sencelles
Esporles
Puigpunyent
Banyalbufar
Estellencs
Galilea
Galatzó
Orient
Castell d'Alaró
Jardins d'Alfàbia
Túnel del Sóller
Jardins de Raixa
Cartoixa de Valldemossa
Port de Valldemossa
Cala de Valldemossa
Punta de sa Foradada
Bahía de Sóller
Punta Grossa
Cap Gros
Punta de Sóller
Morro d'es Forat
Punta Cala Rotja
Morro de sa Vaca
Morro del Bordils
Corral d'en Figuera
es Morro d'en Llobera
Puig Roig
Tomir
Sa Moleta
Cala de sa Calobra
Torre Talaia de Ses Animes
Punta d' es Verger
Punta Ferranda
Punta de Son Serralta
Cala Estellencs
La Reserva Parc Natural
Sa Granja
Miramar
Son Marroig
Ma10
Ma11
Ma13
Ma1110
Ma2100
Ma2130
Ma2141

# Wo die Orangen blühen

Die Nordwestküste bietet ein grandioses Panorama der Natur. Neben der Küstenstraße mit ihren fantastischen Ausblicken gehören die Orte Valldemossa, Deià, Sóller und Fornalutx zu den Highlights. Das Kloster Lluc, die Kartause von Valldemossa sowie die Herrenhäuser des Erzherzogs Ludwig Salvater bieten Kultur, die Bergwelt der Serra de Tramuntana macht Wanderer und Radsportler glücklich, kleine Buchten und der Stadtstrand von Port de Sóller laden zum Baden ein.

## 01 BANYALBUFAR

**Nirgendwo auf Mallorca gibt es eine eindrucksvollere Terrassenlandschaft.** Wahrscheinlich haben vor den Arabern bereits die Phönizier und Römer die steilen Nordwesthänge terrassiert. Von den Arabern stammt das ausgeklügelte Bewässerungssystem aus Kanälen und Zisternen, das auch in den trockenen Sommermonaten die Terrassen versorgt. Dort wird seit einiger Zeit neben den besonders guten Tomaten auch wieder Wein angebaut.

**SEHENSWERT** Entlang der Hauptstraße stehen dicht an dicht die alten Steinhäuser. Der ehemalige **Adelspalast Sa Baronia** stammt aus dem 14. Jahrhundert und ist das älteste Gebäude.

**AKTIVITÄTEN** Port d'Estellencs, der Hafen des Dorfes hat einen kleinen Steinstrand. Gutes Tauchrevier.

**UMGEBUNG** Zu den einstigen Wachtürmen, den „talaias", gehört auch der **Mirador de Ses Animes** (3 km südwestl.), von wo aus man eine großartige Sicht über Landschaft und Meer hat. Im 16. Jahrhundert bildeten die talaias ein Wach- und Alarmsystem, das durch Licht- und Rufsignale vor drohenden Piratenangriffen warnte. Schön ist auch die Aussicht vom **Mirador de Ricardo Roca** bei **Estellencs** (8 km südl. von Banyalbufar). An der Ostseite der Bergkamms, in Richtung Esporles, liegt das **Landgut Sa Granja**. Der Museumshof gehört zu den Ausflugsklassikern der Insel. Landwirtschaft, Handwerk und Volkskunst erlebt man bei einem Rundgang durch die sehenswerte „casa senyorial". Kinder haben ihre Freude an den Vorführungen (tgl. 10.00–19.00, Nov.–März bis 18.00 Uhr, Mi. u. Fr. mit Tanzvorführung – dann ist es auch etwas teurer –, www.lagranja.net).

**AGROTURISMO** „Natürlich Canet" lautet die Eigenwerbung der gleichnamigen Finca, die neben einem Restaurant auch Unterkünfte anbietet sowie ein Museum, in dem man erfährt, wie das Leben und Arbeiten auf einem Bauernhof früher funktionierte (Canet Agroturismo, Landstraße Esporles, km 1, Di.–So. 10.00–18.00 Uhr, www.parcdecanet.com).

*Ausflugsklassiker: das Landgut La Granja*

## 02 PUIGPUNYENT

**Das Bergdorf inmitten der Serra de Tramuntana ist ein guter Ausgangspunkt für Aktivurlauber.** Dass der Tourismus bisher eher einen Bogen um das Dorf gemacht hat, ist kein Nachteil. Umso unangefochtener steht das Luxushotel „Son Net" auf einer Anhöhe (www.sonnet.es).

**UMGEBUNG** An der Bergstraße nach Galilea kurz hinter dem Ortsausgang geht es über eine holprige Strecke zum **Naturpark Reserva Puig de Galatzó** (tgl. 10.00–19.00 Uhr, Einlass bis 17.00 Uhr). Ein Parcours führt durch die romantische Bergwelt mit Grillplatz, Tiergehegen und (künstl.) Wasserfällen zum Baden. Auf einer Abenteuertour kann man klettern, über Hängebrücken balancieren und sich an Gondeln herablassen (ab 8 Jahre). **Galilea** (4 km südl.) ist das höchstgelegene Dorf Mallorcas. Der Ort mit dem biblischen Namen bietet ein schönes Panorama über Gärten und Mandelbaumfelder.

## 03 VALLDEMOSSA

**Was wäre wohl, wenn Frédéric Chopin und George Sand heute nach Valldemossa kämen?** Sicher wären sie noch immer begeistert von der malerischen Schönheit des Bergdorfes und seiner Natur. Ob sie den Wirbel um ihre Person gutheißen würden, ist dagegen fraglich.

**SEHENSWERT** Das viel besuchte Bergdorf zeigt schon bei der Anfahrt von Palma seine Schönheit. Der alte Dorfkern mit dem ehemaligen **Kartäuserkloster** **TOPZIEL** ist die Hauptattraktion. Das Künstlerpaar George Sand und Frédéric Chopin hatte wegen der Krankheit des Musikers Schwierigkeiten, eine Bleibe zu finden. Schließlich konnten sie sich in zwei Zellen im Kartäuserkloster einrichten (Nr. 2 und 4), wo sie den Winter 1838/1839 verbrachten. In den Räumen finden sich die beiden Klaviere, die der Meister sich mühsam beschaffen konnte. Eine historische Apotheke sowie das Kommunalmuseum ergänzen das Museumsangebot.
Mit der Eintrittskarte des Kartäuserklosters lässt sich auch der **Palau de Rei Sanç,** der Palast von König Sancho, besuchen. Dieser auf das 14. Jahrhundert zurückgehende Prachtbau diente als Jagdschloss. Zu den dort ausgestellten Exponaten zählen auch Werke spanischer Künstler wie Picasso und Miró. Die ehemalige Kapelle ist seit 1870 ein Musiksaal. Dort finden täglich kleine Klavierkonzerte von etwa 15 min statt. Auf dem Programm steht – Chopin, was sonst (Plaça de Cartoixa 11, Mo.–Sa. 9.30–18.30, So. 10.00–13.00 Uhr, www.valldemossa.com).
Die **Stiftung Centro Cultural Costa Nord** steht unter der Schirmherrschaft des Hollywoodschauspielers Michael Douglas. In einem 15-minütigen Film führt der Star in die Geschichte der Region ein. Ein weiterer Raum erzählt vom Leben des Erzherzogs Ludwig Salvator. Sommerkonzerte mit internationalen Gästen (Av. de Palma 6, Di.–So. 10.00–18.00, Winter bis 17.00 Uhr, www.costanord.com).

**VERANSTALTUNGEN** Das **Fest der heiligen Catalina** (1533–1574), der einzigen Inselheiligen, wird am 28. Juli mit Gesängen und Prozessionen begangen. Jedes Jahr im August lockt das **Chopin-Festival** mit hochkarätigen Gästen (www.festivalchopin.com).

**AKTIVITÄTEN** Etwas nördlich im Naturpark Son Moragues lässt sich in herrlicher Natur wandern. Arg steinig, aber sehr romantisch ist der kleine Hafen Port de Valldemossa. Eine enge Straße führt hinab zum Meer, wo es – wie an den meisten Buchten der Nordküste – auch ein einfaches Lokal gibt.

**UMGEBUNG** **Son Marroig** **TOPZIEL**, die einstige Residenz des Erzherzogs Ludwig Salvator ist heute ein Museum. Die Exponate dokumentieren das vielfältige Schaffen des Forschers. Lage und Aussicht vom Herrenhaus sind beeindruckend (10 km nördl. von Valldemossa, Mo.–Sa. und Fei. 9.00–21.00 Uhr.)
Zwischen Son Marroig und Valldemossa liegt das **Monestir de Miramar**, das ebenfalls zu den Landsitzen gehört, die der Erzherzog Salvator aufgekauft hat. Aus dem 13. Jahrhundert ist noch ein Teil des Kreuzgangs erhalten. Damals lebte und forschte der christliche Gelehrte Ramón Llull hier.

Tipp

## Chopin & Co.

In **Valldemossa** lauscht man bei Kerzenschein den Klängen seines berühmtesten Gastes: Seit 1930 überzeugt das Chopin-Festival im August mit internationalen Interpreten (*www.festivalchopin.com*).
Im benachbarten **Deià** pflegt man die Kammermusik: Die Konzerte des Deià International Music Festival (*www.dimf.com*) finden meist im Herrenhaus des Erzherzogs Ludwig Salvator in Son Marroig statt.
In **Banyalbufar** sind während der Sommermonate unterschiedliche Chöre, Kapellen und Interpreten zu hören (*www.banyalbahar.com*).
Im benachbarten **Estellencs** dagegen setzt man auf klassische Gitarrenmusik.
Vor einer nicht zu überbietenden Kulisse treten jedes Jahr im Juli Chöre und Orchester aus Mallorca auf: Die Bühne wird an der Mündung der Felsschlucht Torrent de Pareis aufgebaut, an der **Cala de Sa Calobra.** Das Event ist allerdings in der Regel schnell ausverkauft.

Das Museumshaus zeigt Modelle von Salvators Forschungsboot „Nixe“, Kartenmaterial und dokumentiert den Besuch von Kaiserin Sisi im Winter 1892/1893 (tgl. geöffnet ohne feste Zeiten, www.sonmarroig.com.)
Noch immer leben einige Einsiedler in der **Ermita de la Santissima Trinitat**. Der meditative Ort mit einer Kapelle aus dem 17. Jahrhundert bietet vielleicht die schönste Aussicht über die steile Costa Nord. Die Auffahrt ist schmal und nicht beschildert. Abzweig gegenüber dem Restaurant Can Costa in Richtung Sóller.

**INFORMATION**
*OIT Valldemossa*
*Av. de Palma 7, E-07170 Valldemosa*
*Tel. 971612019, www.valldemossa.com*

## 04 DEIÀ

**Schon seit über hundert Jahren zieht es Künstler in das malerische Dorf. Durch den Schriftsteller Robert Graves wurde Deià berühmt. Warum es gerade dieses Dorf sein musste, wird wohl ein Rätsel bleiben. Doch der Reiz des kleinen Dorfes über dem Meer ist ungebrochen.** Wäre da nicht das ausgesprochen gute Angebot an Luxushotels und ebensolchen Restaurants – man würde dem Dorf mit der höchsten Ausländerquote Mallorcas gar nicht anmerken, wer hier alles so vorbeischaut.

**SEHENSWERT** Traumhaft liegt das Dorf mit seinen alten **Natursteinhäusern** und dem Kirchberg am Westhang der Tramuntana. Das Panorama genießt man am besten bei einem Drink auf der Café-Terrasse des Luxushotels La Residencia. Hinter der Kirche aus dem 15. Jahrhundert ruht auf dem Friedhof u. a. Robert Graves.

**MUSEEN** Direkt neben der Kirche befindet sich das **Pfarrgemeindemuseum**. Auch das **Haus des Schriftstellers Robert Graves** ist inzwischen ein Museum. Neben dem Arbeitszimmer und den Wohnräumen befindet sich im Obergeschoss eine Sammlung mit seltenen Ausgaben. Ein 20-minütiger Film führt in Leben und Werk von Robert Graves ein (Ca N'Alluny, am Ortsausgang Richtung Sóller, tgl. 10.00–17.00 Uhr).
Das **Archäologische Museum** zeigt Funde aus der Region (Di., Do., Fr. 15.00–18.00, Juni-Sept. 16.00–19.00 Uhr).
Das **Museu Yanikun** ist dem Werk des gleichnamigen US-amerikanischen Malers gewidmet, der lange in Deià lebte und von sich sagen konnte, er habe „30 Jahre lang Sonntag“ gehabt (Font Seca, 55, So. 14.00–18.30 Uhr).

**VERANSTALTUNGEN** Während der Sommermonate findet in Son Marroig das **Deià International Music Festival für Kammermusik** statt (www.dimf.com).

**AKTIVITÄTEN** In einem halbstündigen Spaziergang (oder mit dem Auto) erreicht man die romantische Cala Deià mit kleinem Kieselstrand und zwei einfachen Lokalen.

## 05 SÓLLER

**TOPZIEL In der lebendigen Kleinstadt genießt man das mediterrane Lebensgefühl. Umschlossen von den hohen Flanken der Tramuntana öffnet sich ein weiter Talkessel bis zum Meer.** Hier wachsen Zitrusfrüchte und Feigen. Die Fahrt in der nostalgischen Bahn, dem „Roten Blitz“ (Ferrocarril de Sóller) ist die schönste Art, sich der besonders reizvoll gelegenen Stadt zu nähern.

**SEHENSWERT** Die 13000-Einwohner-Stadt hat einen historischen Kern mit einigen Jugendstilbauten. Beispiele für letzteres sind die **Banco de Sóller** von 1912 und die Westfassade der **Kirche Sant Bartomeu**, die von Joan Rubí, einem Schüler Antoní Gaudís entworfen wurde. Die beiden Bauwerke lassen sich bequem von einem der Straßencafés auf der hübschen **Plaça de la Constitució** betrachten. Sicher kommt dann auch irgendwann die alte Straßenbahn vorbei, die seit 1913 Sóller mit Port de Sóller verbindet. Der sogenannte „Orangen-Express“ fährt am sehenswerten Bahnhof der Stadt ab. Man kann also vom „Roten Blitz“ direkt in den „Orangenexpress“ umsteigen. Eine Institution ist die Eisfabrik **Fabrica de Gelats** gegenüber der Markthalle mit köstlichem Speiseeis. Im nostalgisch anmutenden Bahnhof **Estació de Ferrocarril de Sóller** gibt es noch ein Café mit der Atmosphäre des frühen 20. Jahrhunderts. Im Untergeschoss wurden zwei moderne Ausstellungsräume eingerichtet. Dort sind Keramiken von Picasso und Grafiken von Joan Miró zu sehen.

Tipp

## Essen und genießen

Die Costa Nord ist eine Küste für Gourmets. Allein in Deià hat man die Wahl zwischen den Spitzenrestaurants €€/€€€ **Sebastian** (Calle Felipe Bauzà, Tel. 971639417), €€€ **Es Racó d'es Teix** (Calle Sa Vinya Vella 6, Tel. 971639501) oder €€€ **El Olivo** (im Hotel La Residencia, Tel. 971639392). Zwischen Deià und Sóller haben nicht nur die kreativen Höhenflüge des €€/€€€ **Bens d'Avall** (Urb. Bens d'Avall, Tel. 971632381) einen Stern verdient, auch der Blick von der Steilküste ist preisverdächtig.

**MUSEUM** In einem Stadthaus aus dem 18. Jahrhundert findet sich das **Museu Casa de Cultura**. Die Zimmer sind teilweise original eingerichtet (Calle Mar 9, Mo.–Fr. 11.00–16.30, Sa. bis 13 Uhr). Das **Museu Balear de Ciencias Naturals/Jardí Botànic** liegt am Ortsrand von Sóller in einem historische Herrenhaus. Im angeschlossenen botanischen Garten kann man die Pflanzenwelt der Balearen kennenlernen (Di.–Sa. 10.00–18.00, So. 10.00–14.00 Uhr, www.museucienciesnaturals.org, www.jardibotanicdesoller.org).

**AKTIVITÄTEN** Von Biniaraix führt ein Wanderweg mit herrlichen Ausblicken bis zum Kloster Lluc (ca 30 km). Tauchen kann man in der Tauchbasis Octopus (Calle Canonge Oliver 13, Port de Sóller, Tel. 971633133, www.octopus-mallorca.com). In der Cooperativa Agricola Sant Bartolomeu kauft man nicht nur kalt gepresstes Olivenöl; Interessierte können die Ölmühle auch besichtigen (Carretera de Fornalutx, 8).

**FESTE** Am 2. So. im Mai findet das Kampfspektakel **Moros i Cristians** statt. Besonders entschlossen gingen die Frauen von Sóller im Jahr 1561 gegen die angreifenden Piraten vor.

**UMGEBUNG** Ins Hafen- und Badestädtchen **Port de Sóller** fährt ab Sóller die historische Straßenbahn „Orangenexpress". Port de Sóller liegt an der einzigen größeren Bucht der Nordwestküste. Von hier aus lassen sich Bootstouren in die wildromantische **Cala Sa Calobra** unternehmen. Auch **Deià** ist in den Sommermonaten mit einer Fähre angebunden. Im Museu de la Mar erfährt man mehr über die Geschichte des Tals (Calle Oratori de Santa Catalina, Di.–Sa. 10.00 bis 14.00 Uhr und 17.00–20.00 Uhr, So. 10.00–14.00 Uhr, von Okt.–Mai Di.–Sa. 10.00–13.30 und 15.00 bis 18.00, So. 10.00–14.00 Uhr). Weiter oberhalb der Bergflanken liegen die Bilderbuchdörfer Fornalutx und Biniaraix.

**INFORMATION**
*OIT Sóller*
*Plaça España, E-07100 Sóller*
*Tel. 971638008*

*OIT Port de Sóller*
*Canonge Olive, 10, E-07108 Port de Sóller*
*Tel. 971633042, www.a-soller.es*

## 06 MONESTIR DE LLUC

**Die Klosteranlage in der Serra de Tramuntana ist Mallorcas bedeutendster Wallfahrtsort. Verehrt wird die schwarze Madonna „La Moreneta".** Der Legende nach hat ein Hirtenjunge kurz nach der christlichen Rückeroberung

*Straßenmusiker in Port de Sóller*

die Marienfigur in der abgelegenen Gebirgsgegend gefunden. Im Haupthaus des Klosters gibt es ein empfehlenswertes Gasthaus mit Zimmervermietung.

**SEHENSWERT** Die Ursprünge des **Klosters** **TOPZIEL** geht auf das 13. Jahrhundert zurück. Die heutige Gestalt stammt jedoch aus dem 18. und 19. Jahrhundert. Die Innengestaltung der Klosterkirche stammt von Antoni Gaudí. Berühmt ist der Gesang des Knabenchors. Die Kinder des Klosterinternats singen in der Schulzeit während der Messen um 11.00 und 19.30 Uhr.

**MUSEUM** Musikinstrumente und liturgisches Gerät aus mehreren Jahrhunderten zeigt das **Klostermuseum**. Auch das Alltagsleben vergangener Zeiten und Gemälde von Coll Bardolet sind zu sehen (tgl. 10.00–18.00, Okt.–März 10.30 bis 17.00 Uhr). Hinter dem Kloster lässt sich ein kleiner botanischer Garten besichtigen.

**AKTIVITÄTEN** Rund ums Kloster lässt es sich gut wandern. Der Abstieg durch die Felsschlucht Torrent de Pareis ist nur geübten Wanderern bei guten Wetterbedingungen zu empfehlen.

**UMGEBUNG** Berühmt, berüchtigt und in den Sommermonaten mit Mietwagen und Reisebussen reichlich verstopft ist Mallorcas aufregende Bergstraße **Sa Calobra** **TOPZIEL**. In zahllosen Kurven und Windungen, bis hin zum sogenannten Krawattenknoten windet sich die Straße von 900 Meter Höhe bis hinab zu der großartigen Schlucht Torrent de Pareis.

**INFORMATION**
*Centro Informació de la Serra Tramuntana*
*am Parkplatz Kloster Lluc, Tel. 971517070*

## Nicht versäumen!

KULTUR

**Klingende Grüße von Chopin**
George Sand und Frédéric Chopin haben das malerische Bergstädtchen Valldemossa berühmt gemacht. Im ehemaligen Kartäuserkloster verbrachte das Künstlerpaar den Winter 1838/1839, und dort steht auch noch Chopins Klavier.

**TOPZIEL** Siehe Nr. 03

KULTUR

**Ein Habsburger auf Mallorca**
Ein altes Herrenhaus in wunderbarer Lage über dem Meer: In Son Marroig lebte Erzherzog Ludwig Salvator von Habsburg, wenn er nicht gerade die Insel erforschte oder mit seinem Boot „Nixe" ferne Länder erkundete.

**TOPZIEL** Siehe Nr. 03

ERLEBEN

**Eine perfekte kleine Welt**
Ein weites Tal voller Zitrusfrüchte, eine Kleinstadt mit historischer Bimmelbahn und Jugendstilhäusern. Nimmt man noch Port de Sóller mit seinem natürlichen Hafen und dem Stadtstrand hinzu, hat man in Sóller eine perfekte kleine Welt.

**TOPZIEL** Siehe Nr. 05

KULTUR

**Der Hirte und die Madonna**
Ein Wallfahrtskloster inmitten der Bergwelt. Lluc und seine Marienfigur La Moreneta, die der Legende nach ein Hirtenjunge in dieser abgelegenen Gebirgsgegend gefunden haben soll, sind das unbestrittene Inselheiligtum.

**TOPZIEL** Siehe Nr. 06

NATUR

**Grandioses Naturkino**
Wo ein Wille ist, da ist auch ein Weg, dachte man sich und baute die aberwitzige Bergstraße Sa Calobra. Rund 900 Höhenmeter geht es im Nordwesten hinab. Unten empfängt die Schlucht Torrent de Pareis mit grandiosem Naturkino.

**TOPZIEL** Siehe Nr. 06

# Die Spur der Steine

Die weiten Sandstrände und das meist ruhige Meer in den Buchten von Pollença und Alcúdia sind ideal für Familienurlauber. Historisch Interessierte begegnen in dieser Region aber auch der Geschichte Mallorcas auf Schritt und Tritt: Jahrhunderte mit wechselnden Herrschern und der ständigen Bedrohung durch Piraten haben die Mallorquiner geprägt. Und bis heute erinnern sich die Mallorquiner Jahr für Jahr in großen Festen an jene Schlachten gegen die Angreifer, aus denen sie siegreich hervorgingen.

*Strecke mit Aussicht: Wie ein knochiger Finger ragt das Kap Formentor gen Norden*

01

02

*Es sind besondere Naturräume, stille und erhabene Landschaften, vom Wind geprägt und vom Meer, das immer im Blick bleibt.*

Schaut man sich eine Karte von Mallorca an, so sieht man neben der Halbinsel Formentor, die als furioses Finale der Serra de Tramuntana wie ein knochiger Finger zum nördlichsten Punkt Mallorcas zeigt, noch zwei weitere Halbinseln an der Nordostküste: die Halbinsel Victória und den breiten, rundlichen Vorsprung der Serra de Llevant. Es sind besondere Naturräume, stille und erhabene Landschaften, vom Wind geprägt und vom Meer, das immer im Blick bleibt. Dort, wo das Land endet, hofften vor Jahrhunderten christliche Einsiedler, ihrem Gott näher zu sein. Von den vielen Heiligtümern, die es auf der Insel gibt, hat die Ermita de Betlém vielleicht die schönste Lage: Im Jahr 1805 schenkte ein Gutsherr den Mönchen das Landstück im Hochtal zwischen den Gipfeln Ferrutx und Morey, wo sie sich eine Kapelle und ein einfaches Kloster bauten.

### Vom Meer droht Gefahr

Im historischen Städtchen Pollença hat sich ein Volksfest erhalten, das morgens um fünf mit Flötenklängen beginnt. Im Jahr 1550 soll es eine Nachtigall gewesen sein, deren Gesang die Bewohner des Ortes geweckt hat. Was damals geschah, als die Piraten bereits vor den Toren der Stadt standen, das wird nun Jahr für Jahr in Pollença wiederholt. Zuerst gibt es jede Menge Tanz- und Musikeinlagen sowie eine feierliche Prozession der Schutzpatronin durch die Altstadtgassen, dann geht es los: Die Mallorquiner im weißen Nachthemd und die Freibeuter im bunten Kostüm hauen mit Schwertern, Krummsäbeln, Sensen oder mit Holzstöcken bewaffnet aufeinander ein. Der Ausgang der Schlacht ist immer feuchtfröhlich und begleitet vom Tedeum der siegreichen Mallorquiner.

### Piraten ahoi!

Praktisch der gesamte Mittelmeerraum litt bis ins 17. Jahrhundert unter den Angriffen der Piraten. Selbst ein Herrscher wie Karl V., dessen Macht von Europa bis nach Lateinamerika reichte, konnte nur wenig gegen das Übel unternehmen. Kein Wunder, dass ein Sieg über die gefürchteten Freibeuter für eine kleine Stadt wie Pollença ungefähr so sein musste, als würde Real Mallorca den Titel in der Champions League gewinnen. Übrigens soll sich ein gewisser Joan Mas beim Hauen und Stechen anno 1550 besonders ausgezeichnet haben. In der Straße, die seinen Namen trägt, beginnt alljährlich das Spektakel.

### 365 Stufen zum Himmel

Um von Pollença beeindruckt zu sein, muss man nicht das Fest der „Cristians i Moros" erlebt haben; man muss auch nicht gese-

**01** *Karge Bergwelt bei Colónia de Sant Pere*
**02** *Der Leuchtturm am Kap Formentor signalisiert den nördlichsten Punkt Mallorcas*
**03** *Radeln am Kap: eine sportliche Herausforderung*
**04** *Neugierige Zaungäste am Wegesrand*

01

02

03

04

hen haben, wie der Gekreuzigte am Karfreitag von der Kapelle des Kalvarienbergs in die Pfarrkirche getragen wird. Es genügt, an irgendeinem Tag durch die Gassen der Altstadt zu gehen, sich auf der Plaça Major an einen der Cafétische zu setzen und sich daran zu freuen, an einem so wunderbaren Ort auf einer oft wunderbaren Insel zu sein. Danach wird man die 365 Stufen des Kalvarienbergs gerne in Kauf nehmen und die Aussicht genießen. Vielleicht drängt es einen auch – wie zu Beginn des 20. Jahrhunderts den spanischen Schriftsteller Miguel de Unamuno –, in diesem Aufstieg mehr zu sehen als bloß ein religiöses Ritual und die offenen Fragen seines eigenen Lebens noch einmal aus den Hinterzimmern des Bewusstseins hervorzuholen.

## Das römische Majorica

Auch im benachbarten Alcúdia kommt der Kulturtourist auf seine Kosten. Eigentlich ist die Stadt zwischen den großen Buchten das ursprüngliche Pollença. Pollença und Alcúdia sind nämlich aus einer gemeinsamen Siedlung hervorgegangen, und wie so oft in Europa liegen die sichtbaren Wurzeln einer Stadt in der römischen Antike. Als die Römer im 2. Jahrhundert v. Chr. auf die Insel kamen, hatten sie alle Mühe, mit den Inselbewohnern fertig zu werden. Im Steineschleudern hatten die Insulaner es so weit gebracht, dass die Inselgruppe nach „ballein" – dem griechischen Wort für diese Kriegskunst – benannt wurde. Und die größte Baleareninsel bekam von den Römern den Namen „Balearis Maior" oder „Majorica".

## Das maurische Alcúdia

Die Römer landeten im Jahr 123 v. Chr. in der heutigen Bucht von Alcúdia, wo sie die Siedlung Pollentia – „die Mächtige" – gründeten. Die Reste dieser Geschichte lassen sich am Ortsrand von Alcúdia besichtigen, wo sich die größte römische Ausgrabungsstelle der Insel befindet. Bleibt die Frage, weshalb das heutige Alcúdia nicht Pol-

**01** *Kalvarienberg von Polença*
**02** *Blick von Artàs Stadtmauer in die Ebene*
**03** *Rast nach dem Aufstieg in Pollença*
**04** *Hotel Sant Salvador in Artà*

01

02

03

04

SPECIAL Talayot-Kultur

# Rätselhafte Ureinwohner

**Spuren von Mallorcas rätselhaften Urbewohnern gehen bis auf das 2. Jahrtausend v. Chr. zurück. Schon in den Anfängen dieser prähistorischen Kultur bauten die Bewohner der Insel Dörfer und Kulttempel.**

Die runden Turmbauten, die Talayots, gaben der Kultur ihren Namen. Sie haben große Ähnlichkeit mit den Torri auf Korsika und den Nuraghen auf Sardinien. Aber man geht davon aus, dass sich die Talayot-Kultur relativ unbeeinflusst von fremden Einflüssen entwickelte, zumindest in der Frühphase bis ca. 1400 v. Chr. Erst mit der Ankunft der Römer im Jahr 123 v. Chr. endete ihre Herrschaft.

*Mauer der Talayot-Siedlung Ses Païsses bei Artà*

lença heißt: Wegen der andauernden Piratenüberfälle gaben die Bewohner von Pollentia ihren gefährdeten Ort am Meer auf und zogen einige Kilometer ins Landesinnere – ins heutige Pollença. Alcúdia hingegen ist eine Gründung der Mauren. Diese errichteten die Stadt aus den Ruinen der römischen Siedlung auf dem Hügel (arabisch: „al-kudia") nebenan.
Doch wer nun glaubt, die Altstadt mit ihrer zinnenbewehrten Mauer sei ein ganz typisches Beispiel für eine maurische Kasbah, der liegt falsch: Die fast vollständig erhaltene Festungsmauer ist im Wesentlichen nach der Reconquista, nach der christlichen Rückeroberung, im 13. Jahrhundert erbaut worden.

## Mallorca vor 3000 Jahren

Auch auf dem Weg nach Osten bleibt man der Vergangenheit auf der Spur. Artà und das benachbarte Capdepera haben so wenig mit Massentourismus und so viel mit dem ursprünglichen Mallorca zu tun, dass es einem fast ein bisschen seltsam erscheint, beides auf einer Insel vorzufinden. Wie ein mallorquinisches Dorf vor ungefähr 3000 Jahren ausgesehen hat, das kann man sich in der Talayot-Siedlung Ses Païsses anschauen. In einem Hain aus alten Steineichen finden sich die typischen - runden Steinhäuser der Urbevölkerung und – geradezu einzigartig – eine Mauer aus Zyklopensteinen.

## Die Stadt der Toten

Nicht zu überschätzen ist auch die archäologische Bedeutung der Nekropole Son Real. Ganz in der Nähe des beliebten Touristenortes Can Picafort liegt eine Stadt der Toten. Knapp 100 Rundgräber, vermutlich aus dem 7. oder 6. Jahrhundert v. Chr., wurden hier von den Ur-Insulanern in unmittelbarer Nähe zum Meer angelegt.

## Badeurlaub inklusive

Neben einer Besichtigung all der archäologischen Funde kann man im Nordosten auch klassisch Badeurlaub machen. Die Küste von Port d'Alcúdia bis Can Picafort ist ein einziger Sandstrand. Im flachen Hinterland reiht sich Hotel an Hotel – mit Tendenz zur Bettenburg. Dafür ist das Freizeitangebot immens. Von der Kartbahn über die Surfschule oder einem Ritt auf dem Highspeed-Bananenboot: Möglichkeiten zur aktiven Freizeitgestaltung gibt es genug. Von den Belegungszahlen her sind Port d'Alcúdia und Port de Pollença beliebter als S'Arenal und die Bucht von Palma. Nur im Winter kann man diese Orte weniger empfehlen. Denn dann ist in Las Gaviotas oder Platja de Muro nicht viel mehr los als in der Nekropole Son Real.

**01** *In der Bucht von Alcúdia*
**02** *Meisterliche Sandburg in Port de Pollença*
**03** *Und nur der Himmel weiß, was dort einst geschah: in der Talayot-Siedlung Ses Païsses*

**04** *Wandmosaik in Port de Pollença*

Cap de Formentor
Cap de Catalunya
Cap de Pinar
Cap de Menorca
Badia de Pollença
Badia d'Alcúdia
Pollença
Port de Pollença
Alcúdia
Port d'Alcúdia
Can Picafort
Colònia de Sant Pere
Cap de Ferrutx
Parc Natural de la Península de Llevant
Artà
Capdepera
Cala Rajada
Cap des Freu
Son Servera
sa Pobla
Búger
Campanet
Muro
Sta. Margalida
Llubí
Inca
Selva
Maria de la Salut
Ariany
Petra
Sineu
Costitx
Sencelles
Lloret de Vista Alegre
01
02
03
04
05

# Natur, Kultur und Badespaß

Die Nordostküste vom Kap Formentor bis zum Cap Capdepera verbindet beste Bademöglichkeiten mit geschichtsträchtigen Orten. Wilde Landschaften und einsame Naturräume wechseln sich ab mit den Touristenzentren in den Buchten von Pollença und Alcúdia sowie in der Cala Rajada im Osten. Archäologische Stätten aus der Talayot-Kultur, der Antike und die historischen Städtchen Artà, Alcúdia und Pollença machen die Küste auch außerhalb der Saison zu einem lohnenden Ziel.

*Insel im Licht: Blick auf Port de Pollença und seine schöne Strandpromenade*

## 01 POLLENÇA

**Die sympathische Stadt an den Nordausläufern der Serra de Tramuntana ist ein beliebtes Ausflugsziel. Der Reiz der Altstadt hat sich schon früh herumgesprochen.** Anfang des 20. Jahrhunderts verkehrten Maler und Schriftsteller in Pollença. Noch heute gibt es eine beachtliche Kunst- und Galerieszene.

**SEHENSWERT** Das Altstadtensemble mit der zentralen **Plaça Major** gehört zu den schönsten Mallorcas. Der Hauptplatz mit vielen Caféterrassen steht ganz im Zeichen der Kirche **Nostra Senyora dels Àngels**. Durch schmale Gassen erreicht man den hinter der Kirche liegenden **Almosenplatz** (Plaça Almoina) mit dem **Hahnenbrunnen** (Font des Gall) von 1827. Die am Fuß des Kalvarienbergs liegende Kirche **Montision** wurde zu Beginn des 18. Jahrhunderts von den Jesuiten in Auftrag gegeben. Die Hauptattraktion von Pollença ist sein **Kalvarienberg** (Calvari). Über eine Treppe mit 365 Stufen steigt man hinauf. Die Ehrerbietung vor der Marienfigur bleibt den frommen Insulanern vorbehalten. Der Rest begnügt sich mit der herrlichen Aussicht. An der nördlichen Stadtgrenze gibt es eine **römische Brücke** (Pont Romà). Auf dem **Puig de Santuiri** wacht die Ermita de Nuestra Senyora de Puig mit einer hochverehrten Marienfigur.

**MUSEEN** Das Stadtmuseum **Museu Municipal** ist im ehemaligen Kloster Sant Domènech beziehungsweise Santo Domingo untergebracht, dessen Kreuzgang besichtigt werden kann. Die Sammlung zeigt Malerei von der Gotik bis zur Gegenwart sowie prähistorische Funde (Calle Santo Domingo, Mo.–Sa. 10.00–13.30 und 17.30–20.30, So. 10.00–13.00, im Winter Di.–So. 11.00–13.00 Uhr). Der Textilkunst widmet sich das **Museu Martí Vicenç** (Calvari 10, Mo.–Sa. 10.00–13.30 und 15.00–19.00 Uhr, So. nur vormittags.) Die **Stiftung Donís Bennàssar** ist im ehemaligen Wohnhaus des Malers untergebracht. Mehr als 200 Arbeiten des postimpressionistischen Malers Bennàssar (1904–1967) sind zu sehen (Calle de la Roca 14, Di.–So. 11.00–13.00 Uhr, Juli–Sept auch 18.00–20.30 Uhr).

**FESTE** **Cristians i Moros** – der Kampf der Christen gegen die Moslems – wird als großes Volksfest am ersten Augustwochenende begangen. Im Juli und August findet im Kloster Santo Domingo das **Festival de Pollença** mit klassischen Konzerten statt (www.festivalpollenca.org).

**UMGEBUNG** In der ruhigen Touristensiedlung **Cala de Sant Vicenç** (4 km nordöstl.) finden sich Badebuchten mit feinem Sand und glasklarem Wasser. Am Ortseingang weist ein Schild zur **Nekropolis**. Die Grabhöhlen aus der Bronzezeit wurden wahrscheinlich zwischen den Jahren 1700 bis 1400 v. Chr. angelegt. Ganz in der Nähe thront das **Castell del Rei** über der Felslandschaft. Die immer wieder hart umkämpfte Anlage aus dem 10. Jahrhundert ist im Besitz der Familie March. Nur an ausgewählten Tagen ist der Besuch möglich. Näheres erfährt man in der Touristeninformation.

**INFORMATION**
*OIT Pollença*
*Calle Guillem Cifre de Colonya*
*E-07460–Pollença*
*Tel. 971535077*

*OIT Cala Sant Vicenç*
*Plaça Cala Sant Vicenç*
*E-07469 Cala Sant Vicenç*
*Tel. 971533264*

**Tipp**

### Nostalgisch-charmant

Es gibt keinen Spa und keinen Garten. Das Restaurant ist so la la, und ruhige Nächte sind auch nicht garantiert. Trotzdem, in Sachen Charme können es nur wenige Hotels mit dem Juma aufnehmen: 1907 wurde das Haus an der Plaça Major eröffnet und gehört damit zu den allerersten Hotelbetrieben der Insel. Die Zimmer sind einfach und geschmackvoll und der Salon in der Belletage wunderbar nostalgisch.

*Juma, Plaça Major 9, E-07460 Pollença, Tel. 971535002, www.hoteljuma.com*

## 02 PORT DE POLLENÇA

**Port de Pollença, Hafenstadt und Touristenzentrum, überzeugt mit einer schönen Strandpromenade.** In der weiten Bucht zwischen den Halbinseln Kap Formentor und Victoria ist das Meer meist ruhig. Besonders schön ist das Panorama am Abend.

**SEHENSWERT** Bereits in den 1930er-Jahren entdeckten wohlhabende Briten den Hafenort im Norden für sich. Ehrwürdige Hotels wie das Illa d'Or wurden von Künstlern und Schriftstellern besucht. Die **Strandpromenade** gehört zu den schönsten der Insel.

Tipp

## Paella und Natur

Es muss nicht immer das Kap Formentor sein, so schön – und häufig überlaufen – es zweifellos ist. Auf der Halbinsel Victoria in der Umgebung von Alcúdia ist die Natur zwar nicht ganz so spektakulär, aber zum Wandern und Mountainbiken ideal. Und wer sich in dem einfachen Strandlokal S'Illot mit der hausgemachten Paella verwöhnen lässt, der wird die weniger besuchte Halbinsel für immer lieben.

**AKTIVITÄTEN** Die weite Bucht von Pollença ist ideal zum Windsurfen. Schulen und Verleih sind am Strand. Am Jachthafen lassen sich Segel- und Motorboote mieten. Ein Ausflugsboot fährt in der Hochsaison stündlich zum Kap Formentor.

**UMGEBUNG** Grandiose Landschaften erwarten Wanderer, Radsportler und Autofahrer am **Kap Formentor** **TOPZIEL**. Eine Serpentinenstraße führt bis zum Leuchtturm an der Nordspitze. Die beste Aussicht genießt man vom Mirador Punta de la Nao und vom Turm Talaia d'Albercuix. Baden kann man an der abgelegenen Cala Figuera und der Platja Formentor. Das gleichnamige Luxushotel, das 1929 eröffnet wurde, hatte vor allem in den 1930er- und 1950er-Jahren seine große Zeit (www.hotelformentor.net).

### INFORMATION

*OIT Municipal Port de Pollença*
*Passeig de Saralegui s/n*
*E-07470-Port de Pollença*
*Tel. 971865467*

## 03 ALCÚDIA

**Schon auf den ersten Blick sieht man der 16 000-Einwohner-Stadt an – Alcúdia ist Stein gewordene Geschichte.** Eine gut erhaltene Stadtmauer aus dem Mittelalter umgibt die Altstadt mit ihren Adelspalästen. Davor erinnern antike Säulen und die Reste eines Amphitheaters, dass schon die Römer die strategisch günstige Lage zwischen zwei Buchten schätzten.

**SEHENSWERT** Geschützt durch eine Stadtmauer, die erst von den Arabern im 10. und dann von den Christen im 13. Jahrhundert errichtet wurde, hat die **Altstadt** ihre Einheitlichkeit bewahrt. Durch die imposanten Stadttore Porta de Sant Sebastià und Porta de Xara betritt man den autofreien Stadtkern, der sich durch einige angenehme Stadthotels als Alternative zu den Tourismushochburgen anbietet.

**MUSEEN** Die Überreste der einstigen **römischen Siedlung** (Ciudad Roman Pollentia) finden sich östlich, etwas außerhalb der Stadtmauer (Di.–Fr. 10.00–15.30, Sa./So. 10.30–12.45 Uhr). Weitere Funde der Ausgrabungsstelle werden im **Museu Monogràfic** gezeigt (Sant Jaume 30, Di.–Fr. 10.00–15.30, Sa./So. 10.30–12.45 Uhr). Versteckt gelegen ist das **römische Amphitheater** (Teatre Romà) an der Straße Ma-3460 in Richtung Port d'Alcúdia. Ebenfalls in Richtung Port d'Alcúdia, gegenüber dem Friedhof, ist eine Kapelle aus dem 13. Jahrhundert erhalten: Leider ist das **Oratori de Santa Anna** meist geschlossen.

**AKTIVITÄTEN** Die Halbinsel Victoria ist ein beliebtes Gebiet für Wanderer und Mountainbiker. Entlang der romantischen Straße zur Ermita de la Victoria finden sich kleine Badebuchten. Die kilometerlangen Sandstrände der Bucht von Alcúdia sind für Kinder gut geeignet. In den Touristenzentren entlang der Bucht finden sich u. a. Radverleih und Wassersportcenter. Golf spielt man im Club de Alcanada (Ctra. del Far, s/n, Port d'Alcúdia, Tel. 971549560, www.golf-alcanada.com).

*Stillleben im Café del Ronda in Alcúdia*

**UMGEBUNG** Von den großen Touristenmassen verschont blieb bislang die **Halbinsel Victoria**. In der idyllisch gelegenen **Ermita de la Victoria** wird die Marienfigur verehrt. In die Einsiedelei kann man sich auch einmieten. An der Ostflanke der Halbinsel, in einem Herrenhaus im Mudéjarstil, zeigt die **Fundación Yannick y Ben Jakober** zeitgenössische Kunst. Ein unterirdischer Museumsanbau des britischen Künstlerpaars ist der Sammlung von Kinderporträts vorbehalten. Die rund 50 Gemälde stammen aus dem 16.–19. Jahrhundert. Ebenfalls zur Anlage gehört ein romantischer Rosengarten (Anfahrt über Mal Pas, dann dem Schild „Fundació" folgen; Di. 9.30 bis 12.30 und 15.00–17.30, Mi.–Sa. 11.00–16.00 Uhr nach Anmeldung, www.fundacionjakober.org). **Port d'Alcúdia** ist eines der größten Touristenzentren Mallorcas. Im Hafenbereich im Norden der Bucht hat man noch einen einigermaßen gewachsenen Ortskern, der auch im Winter belebt ist. Entlang der Bucht reihen sich Hotel- und Apartmentanlagen mitsamt der entsprechenden Infrastruktur von Restaurants, Souvenirshops etc. Versteckt hinter einer Reihe von Hotelhochhäusern liegt die **Cova de Sant Martí**. Die ca. 20 Meter tiefe Doline soll im 2. und 3. Jahrhundert von frühen Christen als Versteck vor den Römern genutzt worden sein. Das Feuchtgebiet **S'Albufera** ist seit 1998 ein Naturschutzgebiet, in dem sich bis zu 300 Vogelarten beobachten lassen (tgl. 9.00–18.00, Okt.–März bis 17.00 Uhr; Informationszentrum tgl. 9.00–16.00 Uhr). Einige Kilometer weiter in Richtung Artà liegt direkt am Strand die **Necròpoli Son Real**. Die rund 100 Begräbnisstätten stammen vermutlich aus dem 6. oder 7. Jahrhundert v. Chr. (Zugang zu Fuß am Strand entlang von Can Picafort oder ab Finca Son Real an der Ma 12.)

### INFORMATION

*OIT Alcúdia*
*Calle Major 17, E-07400 Alcúdia*
*Tel. 971897100*

*OIT Port d'Alcúdia*
*Passeig Marítim s/n, E-07410 Alcúdia*
*Tel. 971547257*
*weitere Büros in der Ctra. Artà 68,*
*an der Platja de Muro, Avda. de s'Albufera 33 und*
*in Can Picafort, Plaça Gabriel Roca 6*

## 04 ARTÀ

**Schon aus der Ferne sieht man den Burgberg samt Kirche über der hügeligen Landschaft der Serra de Llevant.** Die 7000-Einwohner-Stadt hat sich ihren ursprünglichen Charakter weitgehend bewahrt. Spätestens am Abend sind die Touristen aus der einst maurischen Altstadt verschwunden.

**SEHENSWERT** Die imposante Auferstehungskirche **Transfiguración del Senyor** ist ein wehrhafter Bau, der erst zu Beginn des 19. Jahrhunderts fertiggestellt wurde. Über eine lange Treppe

*Im Hotel Sant Salvador in Artà: Stilvolles Ambiente für kommende Gaumenfreuden*

erklimmt man den Burgberg mit der Wallfahrtskirche **Santuari de Sant Salvador** mit einer sehenswerten Marienfigur aus dem 13. Jahrhundert. Die Talayot-Siedlung **Ses Païsses** liegt am Stadtrand und gehört mit Capocorp Vell zu den am besten erhaltenen der Insel. Die Anlage entstand ab 1500 v. Chr. und ist mit einer Zyklopenmauer umgeben (Mo.–Fr. 9.00–13.00, 15.00–19.00, Nov.–März 9.00–12.30, 14.00–17.00 Uhr).

**MUSEEN** Im ehemaligen Bahnhof ist ein **Volkskundemuseum** untergebracht, im Untergeschoss finden Kunstausstellungen statt. Im dortigen Visitors Center befindet sich die Touristeninformation.

**AKTIVITÄTEN** Die Halbinsel Llevant ist ideal zum Wandern. Als Ausgangspunkt dient der Parkplatz auf dem Weg zur Ermita de Belém. Zu den schönsten Stränden der Insel gehören Cala Torta und Cala Mesquida.

**Tipp**

### Wohnen im Stadtpalast

Der traditionsreiche Stadtpalast Ca'n Epifanio, oberhalb von Arta gelegen, beherbergt inzwischen das Hotel **Sant Salvador**, in dessem Restaurant man auch stilvoll speisen kann. Letzteres trägt wie der Palast den Namen Ca'n Epifanio.

*Calle Castellet 7, Tel. 971829555, www.santsalvador.com*

**INFORMATION**

*OIT Artà*
*Calle Costa i Llobera s/n, E-07570-Artà*
*Tel. 971836981*

## 05 CALA RAJADA · CAPDEPERA

**Die „Rochenbucht" Cala Rajada ist nicht nur ein beliebter Touristenort,** sondern auch als Fischereihafen mit der zweitgrößten Fangflotte Mallorcas von Bedeutung. Über dem historischen Städtchen Capdepera thront eine Burganlage.

**SEHENSWERT** **Hafen** und **Strandpromenade** bestimmen den Charakter von Cala Rajada. Im benachbarten Capdepera lässt sich das **Kastell** besichtigen (tgl. 10.00–20.00, Nov.–März bis 17.00 Uhr).

**UMGEBUNG** Unterwegs zur Feriensiedlung Canyamel kommt man am Festungsturm **Torre de Canyamel** aus dem 13. Jahrhundert) vorbei. Die **Coves de Artà** sind das größte Hohlensystem, das auf Mallorca besucht werden kann (tgl. 10.00–18.00, Nov.–März 10.00–17.00 Uhr, www.cuevasdearta.com).

**INFORMATION**

*OIT Municipal*
*Cala Rajada-Capdepera*
*E-07590 Cala Rajada*
*Tel. 971563033, www.ajcapdepera.net*
*www.firstsunmallorca.com*

## Nicht versäumen!

ERLEBEN

**Altstadtbummel in Pollença**
Weil die Bewohner des einstigen Pollentia die andauernden Piratenangriffe satt waren, zogen sie einige Kilometer weiter ins Landesinnere. Von der hübschen Altstadt führt eine Treppe mit 365 Stufen auf den Kalvarienberg.

Siehe Nr. 01

NATUR

**Mallorcas Nordkap: Formentor**
Die Ausläufer der Serra de Tramuntana ragen nördlich von Port de Pollença wie ein Finger ins Meer. Dramatischer kann eine Felslandschaft kaum sein. Neben großartigen Ausblicken lockt auch ein von Pinien überschatteter Sandstrand.

TOPZIEL Siehe Nr. 02

KULTUR

**Alcúdia und die Römer**
Nach vielen Restaurierungsarbeiten kann man nun auch auf der alten Stadtmauer spazieren und anschließend das historische Stadtzentrum erkunden. Etwas außerhalb der Stadtmauer liegen die Reste der römischen Siedlung Pollentià.

Siehe Nr. 03

KULTUR

**Friedhof in Traumlage**
Die aus dem 6./7. Jahrhundert v. Chr. stammende Necròpoli Son Real an einem unbebauten Küstenstreifen zwischen Can Picafort und Colonia Sant Pere gilt als bedeutendste Totenstadt des westlichen Mittelmeeres.

Siehe Nr. 03

KULTUR

**Entdeckerfreuden in Artà**
Ein Berg mit einer Burg und einer Kirche und darunter das Gassengewirr einer fast touristenfreien Altstadt – in Artà gibt es noch viel zu entdecken. Etwas außerhalb liegt die Talayot-Siedlung Ses Païsses mit archaischer Zyklopenmauer.

Siehe Nr. 04

# Von Bucht zu Bucht

„Man könnte meinen, die Natur habe sich bemüht, hier eine Sammlung erlesener Einzelstücke zu päsentieren“, meinte Miguel S. Oliver einmal über Mallorca, „eine wahre Anthologie der Landschaften. Das gilt auch für Mallorcas Südosten: Vom ruhigen Hinterland mit Dörfern aus sonnengelbem Stein wie Santanyí und Felanitx führt unsere Reise zu traumhaften Buchten, zum Relaxen an Mallorcas Traumstrand Es Trenc oder zum Flanieren im urigsten Hafen der Insel, in Cala Figuera.

*So ruhig wie hier ist es in der Cala Llombarts bei der gleichnamigen Ferienkolonie nur in den ersten Monaten des Jahres*

**01** *Mit dem Baedeker in der Reisetasche findet man die besten Plätze: hier die Cala Pi*

**02** *Finca Hotel Sa Carrotja in Ses Salines*

Irgendwo südlich von Llucmajor ist Mallorca nur noch Stille. Eine einsame Straße ohne Markierung führt dorthin. Rechts und links schützen Trockensteinmauern Gärten mit Mandel- und Johannisbrotbäumen. Kein Ort, nicht einmal eine alte Windmühle unterbricht das Land am Rand. Nur das Zirpen der Zikaden und der blaue Himmel sind da. Mallorcas Ruhepol liegt nicht in der Serra de Tramuntana. Er ist auch nicht in der ländlichen Es Pla im Inselinnern. Nein, er liegt im Süden, zwischen der neuen Schnellstraße, die von der Playa de Palma nach Campos führt, und dem Meer. Dort, wo der Süden, der „Migjorn", am stillsten ist, befand sich bereits im 14. Jahrhundert v. Chr. eine beachtliche Siedlung. Aus den Anfängen des prähistorischen Dorfes Capocorp Vell stammen drei runde Turmbauten. Nach und nach kamen weitere Talayots hinzu sowie eine Schutzmauer. Einige der 28 Wohnhäuser sind noch so gut erhalten, dass man hineingehen kann. Am Tag waren die Menschen sicher draußen. Die Frauen arbeiteten auf den Feldern der Siedlung oder hüteten das Vieh, die Kinder rannten umher oder quengelten, weil sie Hunger hatten, während die Männer zur Jagd gingen oder im Steinbruch weiteres Baumaterial brachen. Kam die Nacht oder drohte ein Angriff von einem anderen Stamm, verschanzte man sich in der befestigten Siedlung.

So könnte also das Leben vor 3000 Jahren ausgesehen haben. Wäre es nicht spannend zu wissen, wie sich die Sprache der Ur-Mallorquiner anhörte, von was die Menschen träumten, wenn sich die unermesslich dunkle Nacht über das Land legte?

### Wem gehört Mallorca?

Eine sichere Stadtmauer war auch in späteren Jahrhunderten noch zu empfehlen. Besonders für Orte in Küstennähe. Bis ins frühe 17. Jahrhundert suchten Piraten aus Nordafrika die Baleareninseln heim. Santanyí – heute ein beschauliches Landstädt-

**03** *In der Nebensaison noch idyllisch: die Cala Pi*

**04** *Brandung bei Ses Salines*

01

02

*Im Südosten schiebt sich ein Felsplateau übers bilderbuchblaue Mittelmeer, das an feine Sandstrände in paradiesisch anmutenden Buchten schwappt.*

chen, wo sich gerne die Residenten des Migjorn zu einem Schwatz in einem Café oder Restaurant treffen – musste immer wieder Angriffe fürchten. Kein Wunder, dass die Mallorquiner im Lauf ihrer Geschichte gelernt haben, allem zu misstrauen, was vom Meer kommt: egal, ob es Römer, Mauren oder christliche Ritter aus Aragonien waren. Fremde hatten selten friedliche Absichten.

Da stellt sich die Frage, ob man zur Tradition „feindlicher Invasoren" auch die rund zehn Millionen Gäste rechnen sollte, die Jahr für Jahr auf der Insel landen; ebenso die ausländischen Residenten, die sich ein Stück vom Urlaubsparadies gekauft haben; Firmen wie Audi oder VW, die ihre Markteinführungen gern auf der sonnenverwöhnten Baleareninsel präsentieren.

### Rettet Mallorca!

Im Frühjahr 2007 zogen etwa 50 000 Insulaner durch die Hauptstadt Palma. Sie skandierten „Rettet Mallorca!" und „Schluss mit der Zerstörung!". Nicht nur für Bürgerinitiativen oder den hiesigen Umweltverband ist längst cinc Grcnzc crrcicht. Inzwi schen denkt die Mehrheit der Mallorquiner, dass ihre Heimat keine höheren Touristenzahlen, keine weiteren Residenten und keine weitere Bautätigkeit mehr verträgt. In wirtschaftlicher Hinsicht ist die Entwicklung der Insel ausgezeichnet. Mallorca wird als die reichste Provinz Spaniens geführt. Rund 80 Prozent des Bruttoinlandsprodukts erwirtschaftet man im Tourismus. Ein Viertel – rund 280 000 – aller spanischen Hotelbetten steht auf Mallorca, und jedes Jahr kommen weitere hinzu. Mehr noch als die Touristen machen den Mallorquinern jene Angst, die bleiben wollen und mit ihrem Geld die Grundstückspreise in aberwitzige Höhen treiben. Um sensationelle 3000 Prozent sollen die Bodenpreise in den letzten 20 Jahren gestiegen sein. Wer kann sich da noch ein eigenes Häuschen leisten? Nur die reichen Ausländer, die schon jetzt 18,4 Prozent der Gesamtbevölkerung ausmachen und damit den höchsten Satz in ganz Spanien haben. Wahrscheinlich sind es sogar noch viel mehr, denn das spanische Statistikamt zählt nur die offiziell registrierten Residenten, also jene 30 000 Deutschen, 20 000 Engländer und 11 000 Italiener, die schon ein Drittel der Insel besitzen.

### Mallorca, warum?

Warum gerade Mallorca für viele den – erreichbaren – Traum vom Inselleben symbolisiert, das liegt nicht nur an der guten Erreichbarkeit und der vorhandenen Infrastruktur, sondern auch an den Küsten im Süden und Südosten: Dort schiebt sich ein

**01** *Sanddünen am Strand Es Trenc*
**02** *Eine der schönsten Buchten Mallorcas: die Cala Mondragó*

**03** *Kirchturm in Manacor*
**04** *Mandelblüte bei einer Finca in der Nähe von Santanyí*

01

02

# Naturparadies mit dunkler Vergangenheit

**Rund zehn Kilometer südlich vom Kap Ses Salines liegt der Cabrera-Archipel. Im Jahr 1991 wurden die Hauptinsel Cabrera, 18 Kleininseln und Teile des umgebenden Meers zum Nationalpark erklärt.**

Mit einer kleinen Fähre - Golondrina - geht es vom Hafen der Colònia Sant Jordi oder von Porto Petro zu dem geschützten Naturparadies. Nur 60 Besucher dürfen pro Tag das Ökosystem besuchen. Nach der Ankunft am kleinen Inselhafen betritt man eine Insel mit typisch mediterraner Vegetation. Neben Pinien, Steineichen, Wolfsmilch und weiteren 400 Arten fühlen sich vor allem Eidechsen auf dem einsamen Eiland wohl. Zehn verschiedene Arten sind dort heimisch. Ansonsten begeistern sich Vogelkundler, wenn es ihnen gelingt, Kormorane, Korallenmöwen oder Seeadler zu beobachten. Auf geführten Touren kann man die Insel erwandern. Oder man bleibt in der Hafenbucht, besichtigt das Informationszentrum und geht zum Baden. Erkundungen auf eigene Faust sind verboten.

### Eine Gefangeneninsel

Sicherlich weniger begeistert als heutige Besucher waren die rund 9000 französischen Kriegsgefangenen, die zwischen den Jahren 1809 und 1811 nach Cabrera verfrachtet wurden. Denn die Spanische Krone hatte im Unabhängigkeitskrieg gegen die napoleonischen Truppen wohl vergessen, die Gefangeneninsel mit einem Minimum an Infrastruktur und Versorgung auszustatten. So konnten nach Kriegsende im Jahr 1814 nur noch 3600 Häftlinge nach Frankreich zurückkehren.

### Nackte Mönche am Strand?

Bereits in vorchristlicher Zeit suchten Phönizier und Karthager das Eiland auf. Später stellten Römer, Araber und Spanier Gebietsansprüche, stets bedrängt von Piraten, die die Insel als Stützpunkt für Überfälle nutzten. Auch Mönche sollen sich auf der abgeschiedenen Insel niedergelassen haben. Ob sie wirklich nackt am Strand getanzt haben, wie eine Legende behauptet, wird sich wohl nicht mehr klären lassen.

Felsplateau übers bilderbuchblaue Mittelmeer, das an feine Sandstrände in paradiesisch anmutenden Buchten schwappt. Dazu kommen charakteristische Kalkfelsen, Pinienhaine und viel unbebaute Natur. Die Calas Mondragó, Amonia, Pi und der kilometerlange Sandstrand Es Trenc sind vielleicht die schönsten Meeresadressen der Insel. Sie alle sind hier im Südosten.

### Grüne Flecken, versteckte Buchten

Natürlich gab und gibt es auch Bausünden, etwa die Feriensiedlung Ses Covetes, die nach einem 13-jährigen Rechtsstreit abgerissen werden soll. Die Pläne eines deutschen Investors, ein großes Reha- und Wellness-Zentrum bei den Thermalquellen von Sant Joan zu bauen, würden dem einzigartigen Ökosystem der Salzseen Salines de Llevant schaden. Insgesamt aber gibt es an der Südostküste noch viele grüne Flekken, lassen sich Buchten finden, die nur zu Fuß oder mit dem Boot erreichbar sind. Viele Touristenzonen zeichnen sich durch eine gemäßigte – also niedrige, auch dem natürlichen Pinienbestand Platz lassende – Bauweise im „Ibiza-Stil“ aus.

### Der wichtigste Tipp für Mallorca

Echten Massentourismus findet man nur in Cala Millor. Dass man es hier mit einem mallorquinischen Benidorm zu tun hätte, ist allerdings übertrieben. Was der Retortenstadt an Schönheit oder Charme fehlt, wird durch ein umfangreiches Freizeitangebot ausgeglichen. Daraus ergibt sich der vielleicht wichtigste Ratschlag, den man einem Mallorca-Urlauber geben kann: sich genau zu überlegen, *wie* man Urlaub machen möchte. Erst dann sollte man sich für einen Ort entscheiden.

### Viele Wege führen zum Glück

Für Segler und Hobbytaucher etwa bietet der Südosten die besten Vorraussetzungen. Eltern, die ihre ballverrückten Kinder glücklich machen wollen, buchen einen Kurs in Rudi Völlers Fußballschule „Supersoccer“ in Cala Millor, und wer mit Massentourismus gar nichts am Hut haben will oder viel Platz für sich und die Familie sucht, der kann mit einer Finca im Hinterland glücklich werden.

### Ein Ort für Entdecker

Jeder träumt eben seinen eigenen Traum. Als der Franzose Eduard Alfred Martel in den 1890er-Jahren nach Mallorca kam, trieb ihn ein für damalige Verhältnisse recht seltsames Hobby: Er erforschte Höhlen. Vielleicht lag es an der Jugendlektüre des Rechtsanwalts, an seinem Lieblingsautor Jules Vernes, dass er sich gleich wie der berühmte Prof. Lidenbrock in Vernes Roman „Reise zum Mittelpunkt der Erde“ in eine Welt vorwagte, die bis dahin praktisch unerforscht war. Jedenfalls fühlt man sich noch heute beim Betreten der Drachenhöhlen, die Martel 1896 bei Portocristo entdeckte, an Jules Verne erinnert.

Dass der Begründer der Höhlenforschung die Coves del Drac „entdeckt“ hätte, ist allerdings nicht ganz richtig. Schon die Ureinwohner kannten und nutzten sie. Doch es kam ihnen nicht in den Sinn, sich weiter hinein zu wagen. Hätten sie es getan – trotz des Drachens, den sie in ihrem Innern vermuteten –, so hätten sie staunend auf einen 177 Meter langen und 30 Meter breiten See geblickt. Und wie hätten sie erst gestaunt, wenn dann auch noch ein Miniorchester vorbeigerudert wäre, wie das heute der Fall ist?

Von den rund 3000 Höhlen, die man auf Mallorca kennt, sind fünf öffentlich zugänglich. Möglicherweise kommt bald eine dazu. Rund 31 Kilometer des größten bekannten Höhlensystems der Insel – „Cova des Pas“ bei Llucmayor – wurden in den letzten Jahren bereits erforscht. Auch dort gibt es einen unterirdischen See. Da er mit Salzwasser gespeist wird, nimmt man an, dass es irgendwo an der Küste einen unterseeischen Zugang geben muss, der noch nicht erforscht wurde. Eines von vielen auf Mallorca noch zu lösenden Rätseln.

**01** *Hoch hinaus: mit dem Heißluftballon in der Umgebung von Manacor*

**02** *Tief hinab: in den Drachenhöhlen – Coves del Drac – bei Portocristo*

01
02
03
04
05
06
07
08
Sant Llorenç des Cardassar
Cala Millor
Manacor
Portocristo
Coves del Drac
Coves dels Hams
Punta de Sa Roca
Portocolom
Cala d'Or
Felanitx
Santanyí
Cala Figuera
Cala Llombards
Cala Santanyí
ses Salines
Colònia Sant Jordi
Campos
Porreres
Vilafranca de Bonany
Petra
Sant Joan
Montuïri
Algaida
Llucmajor
Es Pla
Lloret de Vista Alegre
Cala Pi
Cap Blanc
Es Trenc
Punta Plana
Cap de ses Salines
Calas de Mallorca
Cala Murada
Punta de Sa Torre
Serra de Llevant

# Märkte, Mandelbäume, Meer

Vom Touristenmekka Cala Millor im Norden geht es zu einsamen Stränden an der Südspitze Mallorcas. Die fjordähnlichen Buchten mit den Fischerdörfern Cala Figuera und Porto Colom folgen ihrem eigenen ruhigen Rhythmus. In den Landzentren Santanyí, Felanitx und Manacor spielt der Tourismus nur eine Nebenrolle. Dort gilt es noch das traditionelle Mallorca zu entdecken. Wer an der Küste im Südosten unterwegs ist, braucht Zeit, da es keine verbindende Küstenstraße gibt.

*Auf dem Markt in Manacor: Gewürze, ...*

*... frische Erdbeeren und ...*

*... ein sichtlich zufriedener Gemüsehändler*

## 01 CALA MILLOR

**Mit dem zwei Kilometer langen Sandstrand fing es an. Danach kamen die Hotels.** Und nun findet man in Cala Millor das komplette Programm: Spaß, Sport, Shops, Strand – und auch etwas Nachtleben.

**AKTIVITÄTEN** Ein Spaziergang zum Castell de N'Amer im Naturschutzgebiet Es Cubells wird ebenso gerne unternommen wie ein Besuch im Safaripark „Reserva Africana" (Ctra. Son Servera–Portocristo, tgl. 9.00–19.00, im Winter bis 17.00 Uhr). Schon seit zehn Jahren werden Kinder in Rudi Völlers Fussballschule „Supersoccer" von ehemaligen Bundesligaspielern unterrichtet. Surfbordverleih, Jetski und Bananaboat findet man am Strand, Golfer wenden sich entweder an den Club de Golf Son Servera (Urb. Costa del Pins, Tel. 971840096, www.golfsonservera.com) oder an Pula Golf (Ctra. Son Servera-Capdepera km 3, Tel. 971817035, www.pulagolf.com).

**NACHTLEBEN** Bars, Pubs und Cafés haben in der Hauptsaison auch nach Mitternacht geöffnet. Beliebt ist die Diskothek „Karussel" (Passeig del Mar 14). Die Disco-Bar „La Havanna" (Calle Llum) spricht vor allem junges Publikum an.

**INFORMATION**
*OIT Cala Millor-Son Servera*
*Av. Joan Servera Camps, E-07560 Cala Millor*
*Tel. 971585864*

*OIT Cala Bona*
*Passeig de Moll*
*www.sonservera.es*

## 02 PORTOCRISTO

**Ein Hafenort mit Geschichte. Schon die Römer haben in der tief eingeschnittenen Bucht geankert.** Heute liegen vor allem Segel- und Motorjachten an den Molen des Touristenortes.

**SEHENSWERT** Die Erläuterungen der Guides sind äußerst dürftig, und die unterirdische Massentribüne ist ein unverzeihlicher Eingriff in die Natur. Dennoch sind die **Drachenhöhlen** **TOPZIEL** (Coves del Drac) mit dem größten bekannten Höhlensee der Insel ein fantastisches Erlebnis (am Ortsausgang in Richtung Calas de Mallorca, Führungen tgl. zwischen 10.00 und 12.00 sowie 14.00 und 17.00 zu jeder vollen Stunde, im Winter 10.45, 12.00, 14.00 und 15.30 Uhr, Tel. 971820753, www.cuevasdeldrach.com). Etwas kleiner, aber weniger überlaufen sind die 1905 erstmals erforschten **Angelhakenhöhlen** (Coves dels Hams). Auch hier gibt es einen unterirdischen See und das unvermeidliche Musik- und Lichtspektakel (Ctra. Manacor–Portocristo, Tel. 971820988, tgl. 10.30–18.00, im Winter 11.00 bis 16.30, www.cuevas-hams.com).

**AKTIVITÄTEN** Zum Baden kann man vom überlaufenen Hausstrand auch in die 3 km südlich gelegene Cala Estany ausweichen. Die kleinen Kiesbuchten Cala Murta (0,5 km südl.) und Cala Petita (2 km nördl.) sind nur per Schiff oder zu Fuß erreichbar.

**VERANSTALTUNGEN** Festa de Mare de Déu Carme mit Schiffsprozession (13.–16. Juli).

**INFORMATION**
*OIT Portocristo*
*Moll s/n, E-07680 Portocristo*
*Tel. 971815103, www.manacor.org*

**Tipp**

### Von Bucht zu Bucht

Zwischen Cala Rajada und den Calas de Mallorca verkehrt ein Glasboden-Katamaran mit Stationen in Sa Cala, Canyamel, Cala Bona, Cala Millor, Sa Coma, S'Illot, Portocristo und Cala Romantica. Samstags steht ein Schiff speziell für den Markt in Cala Rajada bereit.

*Tel. 971810600, www.cruceroscreuers.com*

## 03 MANACOR

**Die zweitgrößte Stadt Mallorcas hat mehr zu bieten als Kunstperlen und Möbelindustrie.** Vor allem die Straßen und Gassen rund um die Kirche Sant Vicenç Ferrer sind einladend.

**SEHENSWERT** Kirche und Kloster **Sant Vicenç** stammen aus dem 16. Jahrhundert.

**MUSEUM** Das historische Museum – **Museo d'Historia de Manacor** – ist in einem Verteidigungsturm aus dem 14. Jahrhundert untergebracht. Zu den Exponaten gehört ein römisches Bodenmosaik, das in der frühchristlichen Basilika Son Peretó bei Manacor gefunden wurde (Ctra.

*Schöner wohnen …*

*…und speisen (Gambas mit Zitronengras) …*

Manacor–Cales de Mallorca, km 1,5, Mitte Juni bis Mitte Sept. Mo.–Sa. 9.30–16.00 und 18.00 bis 20.30, sonst 10.00–14.00 und 17.00–19.30 Uhr, Di. und So. geschl., www.museumanacor.net).

**EINKAUFEN** Seit 100 Jahren stellt die Firma Majórica täuschend echte Kunstperlen her. Man findet sie in zahlreichen Shops auf der Insel, oder im Haupthaus in Manacor (Vía Majórica, an der Ausfallstraße nach Palma, Mo.–Fr. 9.00–18.00 und Sa. 9.00–12.30 Uhr). Nebenan werden handgearbeitete Souvenirs aus Olivenbaumholz angeboten (Oliv-Art).

**INFORMATION**
OIT Manacor
Plaça Ramon Llull
E-07500 Manacor
Tel. 971847241, www.manacor.org

## 04 FELANITX

**In diesem hübschen Landstädtchen ist selbst am Sonntag viel los. Wer kann, der lässt sich den Markt am Vormittag nicht entgehen.** Aber auch an jedem anderen Tag lockt Felanitx mit seiner schönen Altstadt und dem authentischen Landleben.

**SEHENSWERT** Eine breite Freitreppe führt zur Kirche **San Miguel**. Die jetzige Gestalt geht auf das 17. und 18. Jahrhundert zurück, die Kirche selbst wird erstmals im Jahr 1248 erwähnt. Gegenüber der Kirche führt eine Treppe zur **Font de Margalida**: Der Brunnen wird von einer Quelle gespeist, die der Legende nach bis heute noch niemals versiegt ist und heilende Wirkung haben soll. Im Stadtpalast **Ca'n Prohens** finden Kunstausstellungen statt.

**EINKAUFEN** Berühmt sind die Keramikarbeiten auf dem Sonntagsmarkt oder bei Cerámicas Mallorca (Calle Sant Agustí 56). Einer der besten Inselweine kommt aus der Bodega An Negra Viticultors.

**AKTIVITÄTEN** Reittouren ermöglicht die Escola d'Equitació Son Menut (3a Volta 3040, Camí Son Negre, Tel. 971582920).

**UMGEBUNG** Das **Santuari Sant Salvador** thront in 509 m Höhe, Pilger brauchen etwa 1,5 Stunden von Felanitx aus. Die engen Serpentinen quälen sich auch viele Radsportler und Reisebusse hinauf. Oben angekommen empfängt sie ein monumentales Kreuz mit Christusfigur. Das Bergkloster wurde im 14. Jahrhundert gestiftet, die Klosterkapelle im Jahr 1716 fertiggestellt. Die Burgruine **Castell Santueri** (7 km südl., nur während der Sommermonate geöffnet) lohnt vor allem wegen der Aussicht und der schönen Natur.

## 05 PORTOCOLOM · CALA D'OR

**Portocolom war einst der Hafen von Felanitx. Auch wenn es immer noch Fischer gibt, die am Tag ihre Netze flicken, ist doch längst der Tourismus die Haupteinkommensquelle des schmucken Ortes.** Weithin bekannter In-Treff ist das Restaurant Colón (am Hafen). Nach Norden schließen sich die Calas de Mallorca mit vielen Feriensiedlungen an. Die alten Häuserfassaden und das stets ruhige Wasser der Hafenbucht geben Portocolom eine Atmosphäre, wie man sie sonst nur von den griechischen Inseln kennt. Eigentlich ist es ein Wunder, dass es einen Ort wie diesen noch an der Küste von Mallorca gibt.

**AKTIVITÄTEN** Cala d'Or hat zwei malerische Badebuchten im Siedlungsgebiet. Ruhiger ist es etwas nördlich in der Cala Sanau mit schönem Sandstrand. Im Sporthotel Bahia Azul in Portocolom befindet sich eine deutschsprachige Tauchstation (Calle Balears 78, Tel. 971825280, www.bahia-azul.de).

**NACHTLEBEN** Bars und Kneipen finden sich vor allem im Bereich der Fußgängerzone („Port Pub", „Music Pub", „Sound Republic" etc.).

**INFORMATION**
*OIT Portocolom*
*Avda. Cala Marçal, E-07670 Portocolom*
*Tel. 971826084, www.felanitx.org*

*OIT Cala d'Or*
*Perico Pomar 10*
*E-07660 Cala d'Or*
*Tel. 971657463*

**Tipp**

### Schöner wohnen mit Golf

Bei Manacor wurde mit viel Liebe zum Detail ein altes Herrenhaus aus dem 17. Jahrhundert in ein schönes Landhotel umgewandelt: 22 Zimmer und Suiten laden im Hotel €€€€ **Rural La Reserva Rotana** zum Wohlfühlen ein. Die privaten „Rotana Greens" sind für Golf spielende Gäste reserviert (kein Greenfee, keine Abschlagszeiten, kein Stress), und selbst auf einen Helikopter-Landeplatz muss niemand verzichten.

*Camí de S'Avall, E-07500 Manacor,*
*Tel. 0971845685, www.reservarotana.com*

*... im Finca-Hotel Rural La Reserva Rotana bei Manacor*

## 06 SANTANYÍ

**Die Häuser von Santanyí sind aus dem typischen Stein der Region erbaut, der auch für die Kathedrale von Palma verwendet wurde.** Von der einst mächtigen Stadtmauer, die zum Schutz gegen die Piraten erbaut wurde, zeugt noch ein Stadttor.

**SEHENSWERT** Mächtige **Zyklopsteine** in alten Gemäuern lassen darauf schließen, dass die Stadt auf eine Talayotsiedlung zurück geht. Aus dem 13. Jahrhundert sind das Stadttor **Porta Murada** und die **Capella Roser** erhalten. Sie befindet sich heute in der Gemeindekirche **Sant Andreu Apostol** (18. Jh.). Berühmt ist die aus dem Kloster Santo Domingo in Palma stammende **Bosch-Orgel**. In das riesige Wasserbecken **Aljub** wurde das Regenwasser von Dächern geleitet.

**EINKAUFEN** Samstag ist Markttag. Kunst zeigen die Galerien Flor (Plaça Maior 19) und Sailer (Calle Bisbe Verger 6).

## 07 CALA FIGUERA

**Die stimmungsvolle Szenerie aus Felsen, Bootsgaragen und Fischerhäusern** macht Cala Figuera zu einem außergewöhnlich schönen Küstenort.

**SEHENSWERT** Bei einem Spaziergang entlang des natürlichen **Hafens** oder zur Felsbrücke **Es Pontas** erlebt man das einzigartige Ensemble des Ortes aus immer neuen Perspektiven.

**AKTIVITÄTEN** Cala Figuera hat keinen eigenen Strand. Die **Cala Mondragó** (6 km nördl.) ist ein kleines Naturparadies mit zwei Sandstränden und einfachem Lokal. **Cala Santanyí** (3 km südl.) hat im Hotel „Pinos Playa" Tauch- und Surfstation, **Cala Llombarts** (5 km südl.) Sandstrand und Bar.

## 08 COLÒNIA SANT JORDI

**Die „Kolonie" – ein Ferienort mit hübschem Jachthafen – ist von herrlichen Stränden umgeben.** Im neuen Besucherzentrum am Hafen erfährt man mehr über die Geschichte und Natur des Nationalparks Cabrera-Archipel.

**AKTIVITÄTEN** An der Platja Estanys kann man Segeln, Surfen, Wasserski fahren. Im Westen schließt sich der etwa 7 km breite Traumstrand Es Trenc mit hellem Sand und Dünen an. Vom Hafen verkehrt eine Fähre zur Insel Cabrera (30 minütige Überfahrt tgl. von April–Okt, Tel. 971649034, www.excursionesacabrera.com).

**UMGEBUNG** In Richtung Campos stehen viele Windmühlen, die einst Wasser für die Felder pumpten. **Ses Salines de Llevant** (4 km nördl.) sind Salzseen mit typischen weißen Kristallhalden. Gelegentlich sieht man dort Flamingos. **Banys de Sant Joan** (4 km nördl.) sind die einzigen Thermalquellen der Insel. Das kleine Kurhotel stammt noch aus dem Jahr 1842 (auch für Tagesgäste zugänglich, www.balneariofontsanta.com). **Capocorp Vell** (23 km westl.) wird als bedeutendste Talayot-Siedlung des westl. Mittelmeers gewertet. Die fünf Talayots und 28 Wohnhäuser waren wohl bis ins 3. oder 4. Jahrhundert bewohnt (tgl. außer Do. 10.00–17.00 Uhr).

**INFORMATION**
*OIT Colònia Sant Jordi, Doctor Barraquer 5*
*E-07638 Colònia Sant Jordi, Tel. 971656073*

### Nicht versäumen!

NATUR

**Ein Drache in der Unterwelt?**
Mallorcas spektakulärste Höhle muss man einfach gesehen haben. Eine fantastische Unterwelt mit einem 177 Meter langen See. Aus dem Dunkel tauchen Ruderboote mit einem Miniorchester auf – sehr romantisch!

TOPZIEL Siehe Nr. 02

KULTUR/NATUR

**Kloster mit Aussicht**
Vom Heiligtum Santuari Sant Salvador bei Felanitx blickt man nach Westen über die fruchtbare Ebene Es Pla, nach Osten über den ewig erscheinenden Migjorn. Oben hat man sich dann eine Rast in der urigen Klostergaststätte verdient.

Siehe Nr. 04

ERLEBEN

**Stimmungsvolle Szenerie**
Schmal und tief wie ein Fjord schneidet der natürliche Hafen ins Land: Auf Mallorca gibt es eine Cala Figuera bei Magaluf und eine beim Kap Formentor. Das Fischerdorf Cala Figuera ist aber auf der ganzen Insel einzigartig.

Siehe Nr. 07

NATUR

**Eine paradiesische Bucht**
So stellt man sich ein Strandparadies vor: eine tief eingeschnittene Bucht fast ohne Häuser, zwei kleine Sandstrände und klares, türkisblaues Meer. Die Cala Mondragó bei Cala Figuera ist einfach traumhaft schön.

Siehe Nr. 07

NATUR

**Mallorcas einziger Nationalpark**
Cabrera, der einzige Nationalpark Mallorcas, liegt gar nicht auf der Insel. Er befindet sich auf einem vorgelagerten Archipel, den man nur mit einem Ausflugsboot ab Colònia Sant Jordi oder Portocristo ansteuern kann.

Siehe Nr. 08

**Gerhard Schwaiger**
wurde 1959 in Memmingen geboren. Seine Lehrjahre hat er im berühmten Tantris bei Heinz Winkler verbracht. 1986 kam er ins Tristán nach Mallorca (www.tristan-restaurant.com). Nach dem Ausscheiden von Heinz Winkler im Jahr 1989 übernahm er die Geschäftsführung. Gleich im ersten Jahr (1987) durfte sich das Tristán über einen Michelin-Stern freuen, im Jahr 1989 feierte man dann sogar noch einen zweiten Stern.

# Ich bin ein Mallorquiner

**Gerhard Schwaiger kam vor über 20 Jahren nach Mallorca, um dort eine Spitzengastronomie aufzubauen. Mit Erfolg: Sein Tristán am noblen Jachthafen von Portals Nous ist das einzige Restaurant der Insel, das mit zwei Michelin-Sternen ausgezeichnet wurde. Vielen gilt es als beste Gourmet-Adresse.**

Interview: Lothar Schmidt   Fotos: Holger Leue

Es ist mal wieder ein sonniger Vormittag auf Mallorca. Am Hafen von Portals Nous herrscht eine arbeitsame, doch zugleich entspannte Atmosphäre. Die Terrassen der Lokale werden für den Tag eingedeckt, an den Luxusjachten bringen Männer in weißen Arbeitskitteln die verchromte Reling auf Hochglanz. Auch an der Außenbar des „Bistro del Tristán" werden noch Kisten und Flaschen geschleppt. Vielleicht noch eine halbe, höchstens eine Stunde, dann es ist es mit der Ruhe vorbei. Diese Zeit bleibt Gerhard Schwaiger zum Interview, ehe wieder ein langer Tag in der Küche des Tristán beginnt …

***Lothar Schmidt:* Sie kamen 1986 nach Mallorca. Wie war die Anfangszeit?**
*Gerhard Schwaiger:* In den ersten zwei Jahren dachte ich fast täglich ans Aufgeben. Mallorca war eine kulinarische Einöde. Es gab kaum Infrastruktur und nur eine geringe Auswahl an Produkten, die wir für ein Projekt wie das Tristán brauchten. Um ein Restaurant auf höchstem Niveau aufzubauen, musste wahnsinnig viel importiert werden – aber selbst das war schwierig.

**Warum sind Sie überhaupt nach Mallorca gekommen?** Nun, ich war fast drei Jahre im Restaurant Tantris und bin dann auf die Meisterschule nach Heidelberg gegangen. Dann kam das Angebot von Herrn Winkler, hier auf Mallorca als Küchenchef einzusteigen. Das Tantris war damals die Nummer eins in Deutschland, und wenn ein Mann wie Heinz Winkler etwas macht, dann sagt man sich, das muss was werden. Aber es war eine schwierige Geburt.

**Mussten Sie, um auf Mallorca arbeiten zu können, das Gelernte vergessen und als Koch wieder von vorne anfangen?** Man musste sich einschränken. Wenn ich daran denke, dass wir im Tantris damals eine Vinaigrette-Sauce aus fünf oder sechs verschiedenen Sorten Balsamico-Essig gemacht haben, während es auf Mallorca lediglich einen Rotweinessig gab – da musste man viel improvisieren. Im Endeffekt war es aber ein Vorteil, denn so konnte ich im Tristán einen eigenen Stil entwickeln.

**Kann man sagen, dass die „cocina del mercado", die marktfrische Küche, Ihren Stil ausmacht?** Ja, ich gehe fast täglich auf den Markt, einfach um den Reifegrad der Produkte zu überprüfen. Ich schaue, was angeboten wird, und kaufe ein. Ich glaube, dass wir Köche auch eine Verantwortung haben. Wir sollten den Gästen beibringen, dass man nicht zu jeder Jahreszeit immer alles bereit halten muss.

AUF DEM SANTA-CATALINA-MARKT IN PALMA: GERHARD SCHWAIGER PRÜFT DAS ANGEBOT

**Welche mallorquinischen Produkte schätzen Sie besonders?** Gemüse und Wein. Man muss jedoch sagen, dass die Insel viel zu klein ist, um alles abzudecken. Wenn die lokale Landwirtschaft, die Viehzucht und die Fischerei liefern müssten, was man für zehn Millionen Touristen jährlich braucht, dann wäre Mallorca komplett umgepflügt. Das geht nicht. Andererseits gibt es hier Hotels, die bei Großlieferanten einkaufen, wo die Artischocken von Barcelona nach Deutschland und von Deutschland nach Mallorca geliefert werden, weil es von der Logistik her einfacher ist. So etwas lehne ich ab. Zum Glück gibt es noch die Bauernmärkte. Und es sollte im Interesse eines jeden Kochs sein, so weit es geht selbst dort einzukaufen.

**Auf welche Märkte gehen Sie?** Auf den Markt in Santa Maria oder den Santa-Catalina-Markt in Palma.

**Gibt es etwas in der traditionellen Inselküche, das Sie nicht mögen?** Diese Verbindungen von salzig und süß – ein Einfluss aus dem Arabischen – gefallen mir persönlich nicht. Und was mir nicht gefällt, kommt auch nicht in meine Küche. Da bin ich Egoist. Ich kreiere nur Gerichte, die ich selbst gerne esse. Um auf Ihre Frage zurückzukommen: Die mallorquinische Küche ist eine sehr nahrhafte Küche. Aber leider muss man sagen, dass sie am Aussterben ist. Es fehlt auch die Nachfrage von den jungen Mallorquinern. Wie überall ist auch hier die Crossover-Küche eingezogen.

*„In den ersten zwei Jahren dachte ich fast täglich ans Aufgeben. Mallorca war eine kulinarische Einöde."*

**Wie ist die Situation bei mallorquinischen Fisch- und Meeresfrüchten?** Natürlich verarbeiten wir Produkte aus dem Meer, aber leider sind sie kaum noch zu bezahlen. Nehmen Sie die berühmte rote mallorquinische Gamba. Der Stückpreis liegt bei bis zu neun Euro. Früher, als ich

## Empfehlungen

von Meisterkoch Gerhard Schwaiger

**Mallorquinisch essen** Ein original mallorquinisches Restaurant ist das La Boveda in Palma. Das Lokal in Sichtweite der Lonja hat nicht nur gute Tapas, sondern auch eine respektable Weinkarte. Calle Botería 3, Tel. 971714863. So. und den ganzen Feb. geschlossen.

**Wo man am besten einkauft** Wenn es um inseltypische Spezialitäten geht, ist der Markt in Santa Maria del Camí die erste Adresse: jeden Sonntag auf der Plaça Nova.

**Unbedingt probieren** Besonders gut sind die extra nativen Olivenöle Mallorcas, die roten Gambas aus Sóller und überhaupt frisches Gemüse vom Markt.

**Wo das Meer am schönsten ist** Eine kleine Bucht mit feinem weißen Sandstrand und türkisblauem Meer, das findet man am Cap de Falco, einige Kilometer südlich von Magaluf.

**Ein gutes Ausflugsziel** Das malerische Bergdorf Deià ist auch als Künstlerdorf bekannt. Es ist in jedem Fall einen Besuch wert.

**Oder doch lieber raus in die Natur?** Wem eher nach einem Ausflug in die Natur ist, der sollte sich auf eine Wanderung zu den Stauseen in die Serra de Tramuntana begeben.

**Kulturtipp** Das Museum Es Baluard in Palma wartet stets mit interessanten Kunstausstellungen auf.

angefangen habe, gab es sechs Ravioli als Hauptgang, da war in jeder Ravioli eine Gamba drin, das geht heute nicht mehr. Man könnte sagen, dann nehme ich einfach irgend eine andere Gamba. Aber natürlich kommt das für uns nicht in Frage. Die echte mallorquinische Gamba bleibt im Tristán erhalten. Sie wird nur anders präsentiert.

**Sie arbeiten vor allem mit mediterranen Zutaten oder solchen, die von der Insel kommen. Sehen Sie sich noch in einer deutschen Kochtradition?** Ich bin ein deutscher Koch in der spanischen Küche. Ich muss sagen, dass die Disziplin, die deutsche Arbeiter an den Tag legen, immer noch einzigartig ist, und das hilft natürlich, um leichter zum Erfolg zu kommen.

**Verhalten sich deutsche Gäste anders, haben sie andere Ansprüche als etwa die Spanier?** Ja. Der Spanier legt absolut wert auf Gourmetküche, aber er will alles schnell serviert haben. Nach einer Stunde hat er gegessen. Dann bleibt er noch vier Stunden sitzen, und es wird geredet, gelacht und getrunken. Der Deutsche dagegen isst gerne langsam, er pflegt die Tischkultur und möchte zu jedem Gericht seinen Wein. Die Franzosen sind ohnehin perfekt ausgebildet, während die Amerikaner und Engländer eher eine diskrete Etikette wünschen. Ein lockerer Service kommt da schlecht an. Das muss man alles unter einen Hut bringen. Da die Spanier hier zu Hause sind, orientieren wir uns eher an ihnen und servieren relativ zügig.

**Ins Tristán kommen auch viele Prominente. Gibt es Gäste, die Sie nervös machen?** Nein. Ich koche nicht für den Gast, sondern für Tisch 15. Wer dort sitzt, ist egal. Es wäre ein Betrug an den anderen Gästen, wenn ich für Claudia Schiffer anders oder besser kochen würde. Daher will ich auch keine Namen auf den Bestellungen, die in die Küche kommen. Lediglich wenn König Juan Carlos zu Gast ist, das ist etwas anderes, allein schon wegen den Sicherheitsvorkehrungen.

**Von der Küche noch einmal zu Ihrem Leben auf Mallorca. Was ist die größte Veränderung, die Sie in den vergangenen 22 Jahren erlebt haben?** Die Insel ist an Europa herangewachsen. Vor 20 Jahren war alles noch recht locker. Wenn man

PERFEKTER STIL IM KLEINSTEN DETAIL

morgens um zehn etwas brauchte, kam es nachmittags um fünf. Das hat niemanden aufgeregt, außer uns natürlich. Dann gab es eine Phase, in der wahnsinnig viel und wahnsinnig hässlich gebaut wurde. Der Tourist wurde nur als Geldgeber angesehen. Seit zehn Jahren, kann man sagen, hat sich auch das geändert. Es wird schöner gebaut, und vor allem wird der Umweltschutz heute ganz groß geschrieben. Vor 20 Jahren war zum Beispiel das Meer dreckiger als heute. In dieser Richtung hat sich Mallorca sehr positiv entwickelt.

**Sie arbeiten, wo andere Urlaub machen. Wo gehen Sie selbst hin, wenn Sie entspannen möchten?** Zum Angeln. Mit Freunden aufs Boot – raus, weg, auf Wiedersehen!

**Haben Sie hier in Portals Nous eine eigene Jacht?** Nein, unsere Löhne halten sich in einem gesunden Rahmen, und eine Jacht kauft man sich, wenn man wirklich schon alles hat. Ich brauche nur einen Untersatz, der schwimmt, mit dem man zwei Meilen rausfahren kann. Ob man dabei etwas fängt, ist ohnehin unwichtig.

**Was sind Ihre Pläne für die Zukunft?** Wir stecken immer noch in den Kinderschuhen. Die Grupo Tristán entwickelt sich. Dieses Jahr ist eine neue Champagner-Bar dazugekommen, letztes Jahr wurde das Bistro erweitert. Wir orientieren uns am Markt, verändern uns immer wieder, und das Schöne auf Mallorca ist, dass der Gast uns die Möglichkeit dazu gibt. Er wünscht Veränderungen.

**Was glauben Sie: Wie wird die Insel in zehn Jahren aussehen?** Mallorca soll sich weiterentwickeln wie in den letzten Jahren. Es wird viel getan.

**Sehen Sie auch Gefahren?** Was ich nicht möchte, ist, dass man aus Mallorca eine Art Monaco macht. Wenn wir soweit sind, dass sich die Arbeiter oder die Mallorquiner die eigene Insel nicht mehr leisten können, dann haben wir ein Problem. Die Insel soll und muss erschwinglich bleiben. Sehr wichtig ist der Umweltschutz. Denn die Insel lebt von diesem Wasser, von ihrer Natur. Wenn es keine intakte Natur mehr gibt, kann ich mit dem Kaviardöschen herumlaufen, soviel ich will – dann habe ich keine Gäste mehr.

**Haben Sie Sehnsucht nach Deutschland?** Nein. Ich habe meine Eltern in Deutschland und meine Geschwister, die ich regelmäßig besuche; aber was mein Leben und meine Gewohnheiten betrifft, bin ich ein Mallorquiner geworden. Wir machen hier zwar sehr harte Arbeit, aber im Privatleben bin ich stressfrei. Das schöne Wetter, wenn ich morgens aufstehe, das Positive, das brauche ich einfach.

**DER MEISTER UND SEINE KREATION: RAVIOLI „MIT FENSTER" – EIN GEDICHT!**

# Das eigentliche Mallorca

Im Inselinnern werden wie schon vor Jahrhunderten die Felder bestellt, die Mandel-, Oliven- und Johannisbrotbaumplantagen gepflegt, und ab September erntet man die Trauben für den Inselwein. Im Unterschied zur Küste spielt der Tourismus hier nur eine Nebenrolle. Ein Wochenmarkt oder eine Handwerksmesse sind eine gute Gelegenheit, Land und Leute kennenzulernen.

*Und nur der Mond sieht zu? Figurengruppe an einem Kreisverkehr auf der Strecke von Palma nach Manacor*

01

02

03

04

*Das ruhige Landleben in Dörfern wie Algaida, Porreres, Binissalem, Sineu oder Petra ist teilweise noch so, wie man es sich für eine längst vergangene Zeit vorstellt.*

Es ist Mittwoch, und die Welt steht kopf. In den Gassen mit den hellen Sandsteinhäusern, deren Fensterläden wie immer verschlossen sind, ist die Hölle los. Ganz Mallorca scheint sich im Landstädtchen Sineu verabredet zu haben. Mittwoch ist Markttag, seit mehr als 700 Jahren: Im Jahr 1306 wurde der Gemeinde von König Jaume II. das Marktrecht erteilt. Und so kommen bis heute die Bauern der Umgebung, verkaufen Obst, Gemüse oder lebendes Vieh und stärken sich, ehe es losgeht, noch bei einem Teller „Frit" – einem Fleisch-Gemüse-Allerlei, das mit einem Gläschen Roten hinuntergespült wird. Es gibt Käse aus Mahón, Wurstwaren wie Sobrasada und Botifarró, luftgetrockneten Schinken, Honig, Kräuter und Feigenbrote in kunstvoll geflochtenen Behältern. Zentrum des Geschehens ist die malerische Plaça Espanya. Dort, im Schatten der Gemeindekirche, versorgt ein Ehepaar die Besucher mit frischen Bunuelos – frittierten Krapfen, die mit Puderzucker bestreut werden. Gegenüber gibt es Blumen und Obst. Ein Händler hat sich auf bunt bedruckte Handtücher mit Palmen und brüllenden Tigern spezialisiert, während nebenan Büstenhalter in allen Körbchengrößen von der Zeltstange baumeln. Es gibt Lederwaren und hübschen Schmuck aus Filz, Steineichen-Honig, Tomatenmarmelade, Trockenfrüchte und viel Selbstgebasteltes. Hinter einem Kräuterstand unterhält sich eine Marktfrau mit ihrer Nachbarin auf Deutsch; der Mann mit dem handgemachten Holzspielzeug spricht Spanisch, als ob es ein schwäbischer Dialekt wäre. Viele Deutsche haben sich in das traditionelle Leben Mallorcas integriert.

### Feuerwerk und tanzende Riesen

Jedes Dorf von „Es Pla" – der fruchtbaren Ebene des Landesinnern – hat seinen Wochenmarkt. Darüber hinaus gibt es Landwirtschaftsmessen, die einmal im Jahr stattfinden, oder spezielle Märkte wie den Melonenmarkt von Vilafranca de Bonany. Die Messe „Sa Perdiu" von Montuïri steht ganz im Zeichen des Rebhuhns, bei der „Festa del Botifarró", dem „Blutwurst-Fest" von Sant Joan jeden ersten Sonntag im Oktober, gibt es ein Feuerwerk und tanzende Riesenfiguren, „Gegants". Das Top-Ereignis ist der „Dijous Bo" – der „gute Donnerstag" –, der jedes Jahr im Februar mehr als 100 000 Insulaner nach Inca lockt.

### Vom ruhigen Landleben

Je länger man zwischen der Serra de Tramuntana und der Serra de Llevant unterwegs ist, desto mehr vergisst man, dass Mallorca eine Insel ist. Das ruhige Landleben in Dörfern wie Algaida, Porreres, Binissalem, Sineu oder Petra ist teilweise

**01** *Märkte in Sineu und in Santa Maria del Camí: Ob kandierte Früchte, …*
**02** *… Käse, …*
**03** *… Mandeln oder …*
**04** *… Orangen – hier gibt es alles, …*
**05** *… was Leib und Seele zusammenhält*

01

02

noch so, wie man es sich für eine längst vergangene Zeit vorstellt. Fast jedes Dorf hat eine schöne Gemeindekirche mit einem Platz, wo sich die Bewohner am Sonntag nach der Messe wie in einem großen Wohnzimmer aufhalten. Es gibt noch die alten Cafés mit Einrichtungen aus den 30er- oder 40er-Jahren des 20. Jahrhunderts – und auch die Männer, die dort am Tresen stehen, um für eine kürzere oder längere Pause die Arbeit ruhen zu lassen.

Früher sprach man vom „anderen Mallorca", wenn man die Schönheit der Insel meinte, von der man in Cala Millor, der Playa de Palma oder einer der anderen Touristenhochburgen nichts ahnte. Gerechterweise müsste das Landesinnere aber nicht das andere, sondern das „eigentliche Mallorca" heißen. Schließlich war die Mehrheit der Insulaner traditionell eher auf Landwirtschaft, auf Acker-, Obst-, Weinbau und Viehzucht ausgerichtet, als auf Küste und Meer.

### Kleine Insel mit großen Weinen

Etwa zur selben Zeit, als die Tourismusindustrie das ländliche Mallorca entdeckte, als historische Guts- und Herrenhäuser zu luxuriösen Finca-Hotels ausgebaut wurden, stieg auch der Stern des lange vernachlässigten Weinbaus. Das Signal gab ein Tropfen, dessen Winzer gerne mit der Geschichte kokettieren, dass sie nur für sich selbst und ihre Freunde etwas Wein anbauen wollten. Als Miguel Ángel Cerdà, Pere Obrador und Francesc Grimalt dann unter dem Namen „An" 1994 ihr Produkt vorstellten, lag ihnen die Fachwelt zu Füßen. Ein Mythos entstand. Aus der lokalen Callet-Traube hatten es die Weinanfänger der Bodega „Anima Negra" aus Felanitx geschafft, einen ebenso herausragenden wie individuellen Rotwein zu keltern. Seitdem geht es offenbar nur noch bergauf. Neben dem Marktführer Macià Batle, dem Traditionalisten José L. Ferrer und dem altehrwürdigen Gut Miquel Oliver hat eine Generation junger Winzer mit erstaunlich

**01** *Blick von der Terrasse des Hotels León de Sineu*
**02** *Frühling auf Mallorca: ein Blumenwiesentraum*
**03** *Kirche in Sa Pobla*

01

02

SPECIAL Radsport auf Mallorca

# Ideale Trainingsbedingungen

**Jedes Jahr, etwa in der Zeit der Mandelblüte Ende Januar, mischen sich die leuchtenden Farben der Rennfahrertrikots in das Rosa des Blütenmeers.**

Jeden Winter kommen die Radsportteams zum Trainieren auf die Baleareninsel. Die „Challenge Volta Ciclista a Mallorca“ (www.vueltaamallorca.com) im Februar ist dann der erste Testlauf der Saison. Auch für engagierte Hobbysportler gilt Mallorca als erste Wahl. Diese messen sich bei der „Volta Ciclo Turista“ (April/Mai), bei der es ebenso zur Sache geht wie bei den Profis. Die Sport- und Tourismusbranche hat sich längst auf die Wünsche der Kundschaft eingerichtet und schätzt die Insel als vielleicht beste Bike-Destination überhaupt. Die Mehrheit der knapp 100 000 Bike-Urlauber sind sportlich ambitionierte Rennradler, die sich einer geführten Gruppe anschließen. Ein engmaschiges Wegenetz durchzieht auf mehreren Hundert Kilometern das Hinterland. Es lassen sich abwechslungsreiche Touren in unterschiedlichen Distanzen zusammenstellen, die meist durch schöne Landschaften führen. In den letzten Jahren entdecken aber auch immer mehr Radwanderer die Insel. Nur die Mountainbiker werden nicht so recht glücklich. Hauptgrund ist das komplizierte Wegerecht der weitgehend privaten Ländereien. Ständig muss man damit rechnen, vor verschlossenen Toren zu stehen. Die Palette der Anbieter ist vielfältig. Meist lassen sich je nach Interesse einzelne Module zusammenstellen. Die Möglichkeiten reichen von komplett organisierten Radreisen mit Equipment, Radhotel mit eigener Werkstatt und Fuhrpark bis zur Radstation mit professionellem Equipment, wo man sich vor Ort für einen oder mehrere Tage sein Rad leiht. Natürlich gehört auch immer ein Helm dazu – der ist auf Mallorca Pflicht.

*Gemächlich strampelnd: bei Caimari*

hohem Frauenanteil das Ruder übernommen. Die Suche nach dem perfekten Wein harmoniert bestens mit den edlen Landhotels und Fincas, die sich meist in alten Anwesen befinden. So ist zum Beispiel das Read's bei Santa Maria del Camí so ein Luxusgut. Selbstverständlich listet die Weinkarte des hauseigenen Sternerestaurants auch die besten Tropfen Mallorcas auf.

### Töpfe, Trends und Traditionen

Bis ins 19. Jahrhundert war auch Inca noch ein Zentrum des Weinbaus. Aus jener Zeit stammen die Weinkeller – die Cellers –, in denen sich heute urige Lokale befinden. Doch hier dominiert die Lederindustrie. Namen wie Camper, Lotusse oder Farrutx sind international bekannte Marken, deren Heimat man nicht unbedingt auf Mallorca vermutet hätte.

Eine weitaus längere Tradition hat das Töpferhandwerk: Die „Fira del Fang“ lockt jedes Jahr Besucher in Scharen nach Marratxí. Dort, im Ortsteil Portol, formen noch ein halbes Dutzend Werkstätten Tonerde zu Kochgeschirr und anderen Objekten, die sich gut in der eigenen Finca machen. Gebrannte Kochtöpfe mit glasierter Innenseite (Ollas), bemalte Tonkrüge (Gerres), vielseitige Auflaufformen (Greixoneras) oder die als Souvenir beliebten „Siruells“ stapeln sich in den Auslagen der Stände.

**01** *Traditionell gut: die Bodega José L. Ferrer …*
**02** *… in Binissalem, im Herzen der Insel*
**03** *Müde Radlerbeine rasten: Santa Maria del Camí*
**04** *Landschaft bei Bunyola*

01

02

03

04

Dabei weiß keiner so ganz genau, was es mit den „Siruells“ eigentlich auf sich hat. Sicher ist nur, dass sich in jeder der bunten Figuren eine Pfeife befindet. Möglicherweise waren sie einst benutzt worden, um mit dem Pfeifton Dämonen abzuwehren. Ebenfalls schön – als Handgepäck für den Flieger allerdings nicht ideal – sind die Glaskunststücke der Manufakturen Gordiola, Menestraliá und Lafiore in den jeweiligen Glasbläsereien von Algaida, Campanet und S’Egleieta.

### Der Himmel über Mallorca

Mallorca ist nicht erst seit der Erfindung des Tourismus ein internationaler Treffpunkt. Viele Jahrhunderte zuvor gab es schon einmal eine Phase, in der das Eiland im Schnittpunkt des Geschehens lag. Im 13. und 14. Jahrhundert war die Insel dank ihrer strategisch günstigen Lage eine Art Verkehrsknotenpunkt des Mittelmeers. Natürlich kamen mit den Schiffen nicht nur wertvolle Waren an, sondern auch Ideen und Gedanken. Es war die Zeit von Ramon Llull, der das Heiligtum Santuari de Nostra Senyora de Cura auf dem Tafelberg Randa gegründet haben soll. Auf dem 543 Meter hohen Puig de Randa haben sich gleich drei Klöster angesiedelt. Auf dem Plateau, wo am Wochenende viele Mallorquiner zum Picknick ans Kloster Cura kommen, hat man eine fantastische Aussicht über das Land. Wahrscheinlich bräuchte es hier gar keine Kirchen und Klöster, um zum Nachdenken über die göttliche Schöpfung anzuregen. Dazu genügt allein der ergreifende Blick, den man von hier hat. Ähnlich dachte wohl auch der Verfasser jener Zeilen, die auf einem kleinen Holzschild bei der Einsiedelei Sant Honorat an einen Baum genagelt wurden: „Betrachtet und liebt die Natur, sie ist ein Werk Gottes und unsere Aufgabe.“ So wenden wir also unseren Blick hinauf in den mallorquinischen Himmel: Möge sein herrliches Blau noch lange über dieser schönen Insel leuchten.

**01** *Finca-Hotel Alfatx bei S’Esgleieta*
**02** *Auf schmaler Spur: Zugstation in Bunyola*
**03** *Wunder der Natur: Mandelblüten*
**04** *Finca-Hotel Alqueria-Blanca bei Bunyola*

01
02
03
04
05
06
Sóller
Deià
Valldemossa
Bunyola
Alaró
Consell
Binissalem
Lloseta
Inca
Selva
Mancor de la Vall
Búger
Muro
Sta. Margalida
Llubí
Maria de la Salut
Ariany
Petra
Sineu
Sencelles
Santa Maria del Camí
Santa Eugènia
Marratxí
Lloret de Vista Alegre
Montuïri
Sant Joan
Vilafranca de Bonany
Porreres
Algaida
Llucmajor
Randa
Palmanyola
EL MOLINAR
LA SOLEDAD
Can Pastilla
s'Arenal
Aeroport de Son Sant Joan
Platja de Palma
Badia de Palma
E s P l a
Ma13
Ma15
Ma19
Ma11
Ma20

# Wege nach innen

Im landwirtschaftlich geprägten Inland hat sich das traditionelle Mallorca erhalten. Zwischen der Serra de Tramuntana und der Serra de Llevant im Südosten erstreckt sich die Ebene Es Pla. Was der Boden an Früchten hervorbringt, findet sich auf den typischen Wochenmärkten, die in jedem größeren Dorf abgehalten werden. Noch immer prägt der Kalender von Markt- und Festtagen den ruhigen Dorfalltag. Wer sich für das Leben auf Mallorca interessiert, kommt an Es Pla nicht vorbei.

*Das Weingut José L. Ferrer in Binissalem gehört zu den größten und renommiertesten der Insel*

## 01 ALARÓ

**Bekannter als das Dorf ist das Castell d'Alaró in schwindelnder Höhe.** Einen Spaziergang durch die vom Tourismus fast unberührten Gassen sollte man trotzdem machen.

**SEHENSWERT** Das gesellschaftliche Leben von Alaró spielt sich auf der **Plaça de Ajuntament** ab. Dort wacht neben dem Rathaus die Kirche **Sant Bartomeu** aus dem 14. Jahrhundert. Beiderseits des Tals **Torrent de Sólleric** erheben sich zwei mächtige, fast senkrechte Felsformationen: Die Berge Soucadena und Puig d'Alaró erreichen mehr als 800 m Höhe. Das **Castell d'Alaró** TOPZIEL auf dem gleichnamigen Berg wurde in der Zeit der Reconquista hart umkämpft und galt, was bei dieser Lage kaum verwunderlich ist, als uneinnehmbar. Wallfahrtsziel in der Ruinenanlage ist die **Capella Nostra Senyora del Refugi** aus dem Jahr 1622. Von der Burg hat man einen geradezu atemberaubenden Blick über weite Teile der Insel. Zufahrt ist eine schmale holprige Piste, auf der es vor allem an Wochenenden sehr eng wird. Unterhalb der Burg befindet sich das beliebte und rustikale Ausflugslokal **Es Verger**.

**AKTIVITÄTEN** Die steilen Felsabhänge sind beliebte Kletterreviere. Erwandern lässt sich nicht nur das Bergplateau mit Burg, Kapelle und Wachturm. Auch Strecken nach Orient und in Richtung Sóller bieten sich an. Reitausflüge kann man ab Orient unternehmen (Club Hipico Son Molina, Tel. 971613157). Das Gebiet zwischen Alaró und Bunyola bietet anspruchsvolle Trails für alle Mountainbike-Freunde.

*Angerichtet: Lammbraten im Lokal Es Verger*

**UMGEBUNG** Durch den waldreichen Torrent de Sólleric geht es unterhalb des Tafelbergs Puig d'Alaró ins romantische **Orient**. Der in einem weiten Hochtal gelegene Weiler ist eine reine Idylle. Eng und kurvenreich führt die Straße weiter in das hübsche **Bunyola**, Station der nostalgischen Bahn nach Sóller. Die Plaça mit ihren baumbeschatteten Cafés hat ein angenehm mediterranes Flair. Von der Gartenkunst der Araber kann man sich in den **Jardines de Alfàbia** (19,5 km westl.) begeistern lassen. Der Rundgang durch das üppig grüne Paradies schließt mit dem Besuch des Herrenhauses ab (Mo.–Fr. 9.30–18.30, Sa. 9.30 bis 13.30 Uhr, www.jardinesdealfabia.com). Die **Jardines de Raixa** (16,5 km westl.) und das dazugehörige Herrenhaus wurden als Umweltzentrum ausgebaut. In **Palmayola** (4 km südwestl.) lohnt ein Besuch in der Glasbläserei Lafiore (Carretera Valldemosa, www.lafiore.com).

## 02 SANTA MARIA DEL CAMÍ • BINISSALEM

**Die Zentren des Weinanbaus auf Mallorca sind ruhige, landwirtschaftlich geprägte Orte.** Nur an Markt- und Festtagen geht es hoch her.

**SEHENSWERT** Das Minoritenkloster von **Santa Maria** besitzt einen sehenswerten Kreuzgang aus dem 17. Jahrhundert. Die Weingüter **Macia Batllé** (Camí de Coanegra, s/n, Santa María del Camí, Tel. 971140014, www.maciabattle.com) und **José L. Ferrer** (Conquistador 103, Binissalem, Tel. 971511050, www.vinosferrer.com) gehören zu den größten und renommiertesten der Insel. Es werden regelmäßig Führungen mit Weinproben angeboten (nach Anmeldung).

**EINKAUFEN** In den genannten Weingütern werden neben Weinen auch gute Olivenöle und Inselspezialitäten angeboten. „Bujosa“ ist eine

*Ein edler Tropfen aus Binissalem*

Tipp

### Köstlich „wie bei Mama“

Um die authentische Küche Mallorcas kennenzulernen, darf man den Rezepten von Antònias Cantallops blind vertrauen. Sie geben dem familiären, urigen „Celler“, dem Weinkeller €/€€ **Can Amer** in Inca, seine Seele. Besonders köstlich: Mandelcremesuppe, Lammkeule mit Honig und Rosmarin.

*Can Amer, Calle Pau 39, Tel. 971501261*

Weberei in Santa María, die Stoffe mit typisch mallorquinischen Mustern herstellt (Calle Bernart Sta. Eugenia 53). Portol, ein Stadtteil von Marratxi (6 km südw.), ist berühmt für seine Keramik. Der Festival Park Green Planet, in der Nähe Autobahnausfahrt Marratxi, ist ein Outlet-Zentrum mit gut 40 Läden. Hinzu kommen ein Großkino, eine Bowlingbahn, Restaurants.

**MÄRKTE** Santa Maria del Camí (So.), Binissalem (Fr. und So.).

**FESTE** **Weinfest** von Binissalem am letzten So. im September.

## 03 INCA

**Die drittgrößte Stadt Mallorcas (30 000 Einw.) ist das Zentrum der Lederindustrie. In den urigen Kellerlokalen genießt man typisch mallorquinische Speisen.** Inca wächst beständig und hat den jüngsten Bevölkerungsdurchschnitt Mallorcas.

**SEHENSWERT** Die Stadt besitzt ein geschäftiges **Zentrum** mit guten Einkaufsmöglichkeiten. Einzelne Stadtbauten im Jugendstil. In jahrhundertealten Cellers – ehemaligen Weinkellern – befinden sich urige Lokale, in denen man sehr gut einkehren kann.

**EINKAUFEN** Inca ist bekannt für seine Gebäckwaren „Fortes“ und seine „Ensaimadas“ (in Schmalz gebackene Hefeschnecken). Die Lederindustrie ist in zahlreichen Shops vor allem am Stadtring vertreten. Hier findet man Schuhe, Taschen und Accessoires. Läden: Munper (Calle dels Jocs), Barrats (Av. General Luque), Camper (Poligono Industrial), Lotusse (Av. Del Raiguer).

**FESTE** **Dijous Bo**, der „gute Donnerstag“ Mitte Feb., ist Jahrmarkt, Handelmesse und Volksfest mit Massenandrang.

**UMGEBUNG** Puig de Santa Magdalena (oder Puig de Inca), die Wallfahrtskirche auf dem **Klosterberg** (6 km östl.) geht auf das 13. Jahrhundert zurück und ist sonntags ein beliebter Picknickplatz. Eine der sehenswertesten – und ältesten – Kirchen der Insel ist das **Oratori de Sant Miguel** in der Nähe der Höhlen Coves de Campanet, aber nur bei besonderen Feierlichkeiten geöffnet. Die **Coves de Campanet** können im Rahmen einer 40-minütigen Führung begangen werden. Hier gibt es noch keinen vergleichbaren Rummel wie in den Coves d'Arta oder del Drach (tgl. 10.00 bis 19.00, im Winter bis 18.00 Uhr, www.covesdecampanet.com). In der Nähe der Höhlen, auf dem Gebiet der **Finca Gabelli** befinden sich die Fonts Ufanes. Nach starken Regenfällen sprudelt es förmlich aus dem Waldboden (siehe Tipp).

**INFORMATION**
*Auskunft erhält man im Rathaus an der Plaça Espanya 1*
*www.incaturistica.com*

## 04 SINEU

**In Sineu erlebt man das Landesinnere von seiner schönsten Seite.** Um die Pfarrkirche der Gemeinde locken verwinkelte Gassen und die einstige Residenz von König Jaume II. Der **Markt** TOPZIEL am Mittwoch ist eine Institution.

**SEHENSWERT** Die Pfarrkirche **Església Nostra Senyora de Sineu** überragt das Dorf schon von Weitem. Ein bronzener, geflügelter Löwe, ein Symbol für den Evangelisten Markus, wacht vor dem Gotteshaus (13. Jh.). Seine jetzige Gestalt geht auf einen Neubau im 16. Jahrhundert zurück. Im hohen und lichten Innenraum befinden sich einige recht sehenswerte Stücke. Den Königspalast **Palau del Rei** ließ Jaume II. ab dem Jahr 1309 auf einem ehemaligen maurischen Bauwerk errichten. 1583 wurde der Palast von Philipp II.

Tipp

### Das Quellwunder

Wunder gibt es nicht alle Tage. So strömen die Fonts Ufanes, die „stolzen Quellen“ auch nur aus dem Waldboden, wenn es lange und ergiebig geregnet hat. Man nimmt an, dass sie sich aus einem unterirdischen See speisen. Entdeckt wurde er noch nicht.

*Auf dem Gebiet der Finca Gabelli, nahe den Campanet-Höhlen, Info-Tel. 900151617*

*Markttag in Sineu: Meint man das Gemüse und Obst, die Gewürze, nicht förmlich zu riechen?*

*Bauer in der Nähe der Campanet-Höhlen*

in ein Kloster umgewandelt, was es bis heute geblieben ist. Im alten Dorfkern haben sich noch eine Reihe sehenswerter Bauten sowie Steinkreuze erhalten. In der ehemaligen Bahnstation befindet sich das Kunstzentrum **S'Estació Centre d'Art**, eine Museumsgalerie für zeitgenössische Kunst, die von einem Deutschen betrieben wird (Mo.–Fr. 9.30–13.30 und 16.00-19.00, Sa. und So. 10.00–13.00 Uhr).

**MÄRKTE** Publikumsmagnet ist der Markt am Mittwoch. Jeden ersten Sonntag im Mai ist großer Jahrmarkt und Landwirtschaftsausstellung.

**FESTE** In Petra feiert man am 12. Februar das Mandelblütenfest, am letzten Sonntag im Okt. das **Fest der Spritzkuchen** („Festa dès bunyol"). In Vilafranca de Bonany findet am 2. Sept.-So. ein **Melonenfest** statt. In Santa Margalida wird am 1. Okt.-So. das **Blutwurstfest** (Botifarró) gefeiert. Am ersten So. im Sept. feiert man dort die **Prozession der Glückseligen**. Eindrucksvoll sind die **Prozessionen** der Karwoche, der „semana santa" in Sineu.

**UMGEBUNG** Das alte, geschlossen wirkende **Petra** (knapp 10 km südöstl.) ist der Geburtsort von Junípero Serra (1713–1784), einem Franziskaner, der Mitte des 18. Jahrhunderts in die neue Welt zog und aus dessen Missionen u. a. die kalifornischen Städte San Francisco, Los Angeles und Santa Barbara wurden. Sein Geburtshaus in der Calle Barracar 6 kann besichtigt werden. Nebenan im Museum erfährt man mehr über das Wirken des berühmten Sohnes von Mallorca.

## 05 LLUCMAJOR

**Erst in seinem Stadtzentrum zeigt sich der Marktort von seiner schönen Seite.** Am Hauptplatz, der Plaça de Espanya, scheint die Zeit stehen geblieben zu sein.

**SEHENSWERT** An der **Plaça de Espanya** findet man das nostalgische Café Colón aus den 1920er-Jahren sowie eine Markthalle im Stil des Modernisme.

**MARKT** Markttage sind Mi., Fr. und So.

**UMGEBUNG** Auf drei Ebenen liegen die Klöster am Tafelberg Puig de Randa: **Santuari Nostra Senyora de Grácia** duckt sich unter einem Felsvorsprung, ein Stück weiter oberhalb empfängt die **Ermita Sant Honorat** den Besucher mit einer friedvollen Stille. Auf dem Plateau in über 500 m Höhe liegt das **Santuari Nostra Senyora de Cura**, dessen Gründung Ramon Llull zugeschrieben wird. Bis 1826 wurden hier Schüler in Latein und Griechisch unterrichtet. In der ehemaligen Grammatikschule befindet sich heute ein kleines Ramon-Llull-Museum (Mo.–Sa. 10.30 bis 13.30 und 14.30–18.00, So. 10.30–12.00 und 15.30–18.00 Uhr). Das sehr ländliche **Porreres** (knapp 10 km nordöstl.) hat ein sehenswertes Museum für zeitgenössische Kunst (Museu i Fons Artístic, Calle d'Augusti Font 23, Di., Do., Sa. 11.00–13.00 Uhr.) Ganz in der Nähe wacht das **Santuari de Montision** über die Ebene.

## 06 ALGAIDA

**Das Landstädtchen ist wegen seiner Ausflugslokale beliebt.** Im Dorfkern von Algaida lebt noch das alte, traditionelle Mallorca fort.

**SEHENSWERT** **Sant Pere i Sant Pau** ist eine hübsche Renaissancekirche aus dem 15. Jahrhundert. An der Schnellstraße in Richtung Palma liegt die **Glashütte Gordiola**, die seit 1719 in Betrieb ist. Zu sehen sind die Werkstatt, ein Museum und die Verkaufsräume (Mo.–Sa. 9.00 bis 19.30 Uhr, www.gordiola.com).

**EINKAUFEN** Markt am Freitagvormittag.

### Nicht versäumen!

ERLEBEN

**Traumblick über halb Mallorca**
Vom über 800 Meter hohen Puig d'Alaró liegt einem halb Mallorca zu Füßen. Wer mag, fährt bis zum urigen Lokal „Es Verger" mit dem Auto (die Piste ist miserabel). Danach geht es zu Fuß noch einmal vier Kilometer bergauf. Es lohnt sich.

TOPZIEL Siehe Nr. 01

NATUR

**Die Gärten von Alfàbia**
Als die islamischen Eroberer Mallorca im 10. Jahrhundert einnahmen, brachten sie auch eine hoch entwickelte Gartenkunst mit. Durch ein geschicktes Leitungssystem gelang es ihnen, üppig grüne Paradiese zu schaffen.

Siehe Nr. 01

ERLEBEN

**Wein von der Bodega**
Ein Wein schmeckt umso besser, wenn man weiß, wo er herkommt. Mallorcas Hauptanbaugebiet sollte man nicht verlassen, ohne einen Bodega-Besuch. Zum Beispiel bei José L. Ferrer in Binissalem, dem Klassiker unter den Weingütern.

Siehe Nr. 02

ERLEBEN

**Ein unvergesslicher Markttag**
Müsste man eine Stadt nennen, die ziemlich genau in der Mitte von Mallorca liegt, dann wäre das Sineu. Vielleicht deshalb versammelt sich hier alles zum Wochenmarkt: Einen Mittwoch in Sineu wird man nicht mehr vergessen.

TOPZIEL Siehe Nr. 04

ERLEBEN

**Ein Berg und drei Klöster**
Jedes der drei Heiligtümer bei Llucmajor hat seine eigene Atmosphäre – am besten findet man selbst heraus, welcher Ort einem am meisten zusagt. Die Auf- und Abfahrt gehört zu den Lieblingsstrecken der Rennradler.

Siehe Nr. 05

# MALLORCA
## *für Genießer*

Mit der Sobrasada kamen einst die Bauern über den Winter. Heute ist es eine begehrte Wurstspezialität – vielfach einsetzbar wie hier bei diesen überbackenen Artischocken in einem Restaurant in Inca. Orangen sind weitaus mehr als bloße Nahrungsmittel, und Olivenöl ist die Grundlage der „mediterranen Diät“.

# OLIVENÖL DAS FLÜSSIGE GOLD *des sonnigen Südens*

Es ist gesund, heilsam und wurde einst sogar für religiöse Rituale verwendet – die Rede ist vom Olivenöl. Eigentlich müsste man es Olivensaft nennen, so wie es das arabische Wort „al-zait" benennt, aus dem das spanische „aceite" (deutsch: Öl) hervorgegangen ist. Spricht man von Qualitätsölen, handelt es sich immer um natives Olivenöl – also um solches, das bei der ersten Pressung gewonnen wird, ohne Zufuhr von Wärme oder von chemischen Mitteln. In der Mühle Can Det in Sóller kann man sich anschauen, wie das funktioniert.

### Olivenöle seit fast 450 Jahren

In diesem ehrwürdigen Gutshaus, das seit dem Jahr 1561 in Familienbesitz ist und in dem seit dieser Zeit Oliven gepresst werden, glaubt man fast in einem Museum zu sein. Die Anlagen und Gerätschaften, mit denen hier von November bis Februar die heimische Sorte Empeltre verarbeitet wird, haben den nostalgischen Charme, der manchmal die Arbeit vergessen lässt, die mit ihnen verbunden ist. Bartoméu Deyà ist stolz auf die Familientradition und darauf, dass hier noch an einem der letzten Orte Mallorcas nach den althergebrachten Methoden gearbeitet wird.

### Waschen, mahlen, pressen

Zuerst werden die reifen Oliven gewaschen und unter der Last mächtiger Steinwalzen, der „rutlons", zu einem Brei vermahlen. Dieser wird auf Strohmatten gestrichen, die wiederum übereinander gestapelt und anschließend gepresst werden. Die beiden Pressen stammen noch aus den ersten Tagen der Elektrizität. Die Flüssigkeit wird in Becken aufgefangen, wo sich die Wasser- und Ölanteile voneinander trennen. Danach wird gefiltert und zentrifugiert, um das Öl von Rückständen zu reinigen. Zum Schluss wird es in Tanks dunkel und kühl gelagert.

### Ein Garant für Wohlstand und Reichtum

Die Kultivierung des Olivenbaums begann auf Mallorca wahrscheinlich mit den Mauren im 9. und 10. Jahrhundert. Ursprünglich waren es wohl die Phönizier und Griechen gewesen, die den Baum auf der Insel heimisch machten. Mit den Mengen, die im Norden Andalusiens angebaut werden, dem weltweit größten Anbaugebiet für Oliven, kann die Baleareninsel nicht mithalten. Auf Mallorca wachsen die Olivenbäume noch immer wie in den frühesten Tagen der Kultivierung auf den Terrassen an der Meeresflanke der Serra de Tramuntana und im Tal von Sóller. Die teilweise uralten Bäume tragen nur bescheidene Mengen und sind aufwendig zu ernten. Dennoch war das Öl, das in zahlreichen Mühlen gewonnen wurde, ein Garant für den Wohlstand der Bergregion. Das milde, nicht zu trockene Klima der Balearen ist für den Olivenanbau ideal. Bittere Öle gibt es hier praktisch nicht. Schon im 13. Jahrhundert exportierte man nach Nordafrika,

SCHLICHT, ABER SCHMACKHAFT: OLIVEN

## Auf den Spuren des Olivenöls

**Besichtigungen:** Die *Kooperative San Bartomeu* von Sóller ist eine der sechs Ölmühlen der D.O. Aceite de Mallorca. Hier wird ein Großteil der Olivenernte der Insel gemahlen und zentrifugiert. Während der Erntezeit von November bis März kann man nach Voranmeldung die Anlage besichtigen (Ctra. de Fornalutx, 8, Sóller, Tel. 971630294).
Ebenfalls in Sóller findet man die *historische Mühle Can Det* (Calle Ozonas 8, Tel. 971630303). Besichtigen lassen sich außerdem die Fincas *Es Verger* (S'Hort d'es Verger, Esporles, Tel. 971619220), *Aubacassa* (Camí de Son Fangos, Manacor, Tel. 679516863) und der Betrieb *Josep Campins Reynés* (Sa Font Garrover, Camí de Santa Llúcia, Mancor de la Vall, Tel. 971501970).

**Spaziergänge:** Um die Schönheit der Olivenhaine zu genießen bietet sich ein Spaziergang im malerischen *Hochtal von Orient* an. In den höheren Lagen des *Sóller-Tals* wachsen jahrhundertealte Ölbäume. Empfehlenswert ist eine Wanderung in die *Schlucht von Biniaraix*, wo man dem Fernwanderweg GR 221 folgt. Die Meeresflanke bei Deià mit ihren Terrassen ist reich an Olivenbäumen. Reizvoll ist zudem im *Gebirgstal bei Caimari* der alte Pilgerweg zwischen Inca und dem Kloster Lluc.

*Erinnerung an alte Zeiten: ausrangierte Olivenpresse in der Finca Son Pont bei Puigpunyent*

WAS WÄRE DIE MEDITERRANE KÜCHE – HIER: MILCHSPANFERKEL GEFÜLLT – OHNE OLIVENÖL?

und zwei Jahrhunderte später wurden die gefüllten Ölkrüge regelmäßig von Port de Sóller nach Frankreich verschifft. Vom Reichtum jener Zeit zeugen noch heute Fincas wie Can Det oder Son Pont im Tal von Puigpunyent. Die schlossähnliche „Casa Senyorial“ aus dem 15. Jahrhundert ist heute ein „Agroturismo“, eine Landpension. In den ehemaligen Wirtschaftsräumen des Herrenhauses findet sich eine mächtige Holzpresse, die ebenfalls aus dem 15. Jahrhundert stammt und authentischer ist als vieles, was man etwa in Andalusien in manchen Olivenöl-Museen zu sehen bekommt.

### Arbequina – fruchtiges Öl

Von den rund 260 Olivensorten, die man in Spanien kennt, sind auf Mallorca die Sorten Mallorquina (oder Empeltre), Arbequina und Picual verbreitet. Mateo Reus, der auf der Finca Aubocassa bei Manacor für den Anbau zuständig ist, erklärt, dass man die Sorten in Beziehung zum Mikroklima und der Bodenbeschaffenheit wählen muss. Es ist ihm wichtig darauf hinzuweisen, dass die Empeltre, die aus Aragonien stammen soll, eigentlich eine Nachzüchtung der ursprünglicheren Mallorquina ist, der ältesten heimischen Sorte. Auf der Finca, die bereits zu Zeiten Jaumes I. erwähnt wird, also schon seit mindestens 700 Jahren existiert, wachsen ausschließlich Bäume der katalanischen Sorte Arbequina. Die jungen Bäume stehen nicht an schwer zugänglichen Berghängen, sondern in praktischen Reihen, die ausreichend Platz für die maschinelle Ernte zulassen. Alles, was an Wasser oder Dünger zugeführt werden muss, kann genau kontrolliert werden. Durch den Maschineneinsatz lässt sich die Dauer von der Ernte bis zum fertigen Öl auf sensationelle acht Stunden reduzieren. Nur so ist ein extrem niedriger Säurewert erreichbar, der wiederum einen milden, runden Geschmack garantiert.
Das Aubocassa ist typisch für eine neue Spitzenklasse unter den spanischen Olivenölen. Modernste Technik ersetzt die traditionell arbeitsintensiven Methoden. Jede Phase der Produktion bleibt kontrollierbar, und mit den Edelstahlzentrifugen statt der alten Hydraulikpressen geht alles viel schneller. So kann bei diesen Sorten der Erntezeitpunkt sehr früh angesetzt werden, und man erhält ein ausgesprochen frisches und fruchtiges Öl, das dennoch nicht bitter ist.

### Eine Frage des Geschmacks

Viele ältere Mallorquiner haben sich jedoch so sehr an ihr traditionelles, kräftigeres Öl gewöhnt, dass ihnen der frische Arbequina-Geschmack „unreif“ vorkommt. So geht es auch Bartoméu Deyà von Can Det. Bei ihm werden nur reife, fast schwarze Früchte gepresst, was seinem Öl einen goldenen Farbton gibt. Welches das beste Virgen Extra Öl ist, lässt sich also gar nicht wirklich sagen. Man sollte es wie beim Wein machen. Je nach Gericht wählt man das passende Öl, mal fruchtig, mal süß oder pikant. Im Unterschied zum Wein lohnt es sich jedoch nicht, gute Öle einzulagern. Denn nach etwa einem Jahr verlieren sie an Aroma.

## Pa amb oli – mehr als ein Brot

Was würden die Mallorquiner nur ohne ihr Pa amb oli machen? Nein, dieses „Brot mit Öl“ lässt sich einfach nicht wegdenken aus der Esskultur Mallorcas und Kataloniens, wo man es ebenso verehrt. Manchmal sind es eben die einfachen Dinge, die delikater schmecken als die teuersten importierten Delikatessen. Das wusste auch der „Arxiduc“, Erzherzog Salvator von Habsburg, der das „pa amb oli“ besonders mit dem milden Olivenöl der Insel schätzte. Natürlich kann man sich solch ein mit Tomaten bestrichenes Olivenbrot auch zu Hause machen.

**So macht man es:** Das geröstete ungesalzene Landbrot wird zunächst mit einer Knoblauchzehe und anschließend mit einer aufgeschnittenen reifen Tomate eingerieben. Anschließend träufelt man etwas Meersalz und extra natives Olivenöl – natürlich aus Mallorca – darüber. Man kombiniert es traditionell mit sauer eingelegtem Meeresfenchel, Kapern oder eingelegten Oliven. Natürlich sollte auch ein Glas Rotwein nicht fehlen. Das „pa amb oli“ genießt man als Zwischenmahlzeit oder als Vorspeise.

*Herzhaft und gut*

*Olivenbäume – wie hier bei Bunyola – können mehr als 1000 Jahre alt werden. Angebaut werden sie bereits seit dem 3. Jahrtausend v. Chr.*

# IM TIEFEN TAL
## *der Orangen von Sóller*

Wer weiß, vielleicht hätte Johann Wolfgang von Goethe seine Mignon nicht vom „Land, wo die Zitronen blühen“ singen lassen, sondern vom „Tal, wo die Orangen blühen“. Aber der Dichterfürst war niemals auf der Baleareninsel und hat folglich auch das Tal von Sóller nie gesehen. Wäre er hier gewesen, hätte er es sicher literarisch verarbeitet. Denn was den Reisenden etwa in der Mitte der felsigen Costa Nord erwartet, das muss für einen Menschen aus Mittel- oder Nordeuropa wie ein Traumgarten des Südens wirken. Unter den Flanken der Serra de Tramuntana, die hier ihre höchsten Gipfel feiert, öffnet sich ein weiter Kessel mit Orangen-, Zitronen-, Feigen- und knorrigen Olivenbäumen.

### Eine Frucht wie ein Versprechen

Unter den Früchten des Mittelmeerraums nimmt die Orange einen besonderen Platz ein. Eigentlich kommt sie ja aus China, weshalb man sie in Deutschland auch unter dem schönen Namen Apfelsine kennt. Unschwer hört man da einen „Apfel aus China“ heraus. Obwohl die Orange erst im 15. Jahrhundert in Europa heimisch wurde, wandelte sie sich zu einem „Markenzeichen“ des Südens: eine Frucht, die zugleich auch ein Symbol und ein Gefühl ist. Denn die Orange steht für Sonne und Süden, für süße Frische und Gesundheit. Lediglich die bescheidene Realität der Zitrusfrucht in den Auslagen der Supermärkte oder ihre triste Herkunft aus irgendeiner valenzianischen Plantage, auf der die Saftkugel mit Wachs und Konservierungsstoffen für eine scheinbar ewige Jugend präpariert wird, bremst die Begeisterung etwas. Wie schön ist es da zu erfahren, dass es auch Orangen gibt, die ohne Chemie auskommen.

### Von Sóller in die weite Welt hinaus

Der Ursprung der spanischen Orangen liegt tatsächlich in jenem idyllischen Bergtal zum Meer. Sóller war schon immer etwas anders. Nicht, dass man nichts mit

**WO DIE ORANGEN BLÜHEN** ...

dem Rest der Insel zu tun haben wollte. Doch rein geografisch lag der Ort bis ins frühe 20. Jahrhundert weitgehend isoliert. Für den Handel mit Oliven und Orangen war es einfacher, den Seeweg zu nutzen, als die beschwerlichen Wege über die Berge. Außerdem hat das Tal einen hervorragenden natürlichen Hafen. Also exportierte man. Die Handelsschiffe, die im Hafen gebaut wurden, liefen regelmäßig Marseille an und überquerten sogar den

... **DA LASS DICH NIEDER**

Atlantik: bis in die Neue Welt. Von dort kamen neue Waren und neue Sitten in die Enklave an der Nordwestküste. Von den Emigranten, die sich nach den schwierigen

## Der goldene Engel & Co.

Mit dem arbeitsintensiven Terrassenbau und den vergleichsweise geringen Mengen, die im Tal geerntet werden können, sind die Orangen aus Sóller international nicht mehr konkurrenzfähig. Andererseits gibt es ein ausgesprochen günstiges Mikroklima und eine jahrhundertealte Tradition in Anbau und Pflege. Der Deutsche Franz Kraus macht aus der Not eine Tugend und versorgt Privatkunden in Deutschland mit ungewachsten und nicht mit Konservierungsstoffen behandelten Orangen (www.orange-soller.com). Es gibt aber noch andere Wege und Verwendungen für die Orangen des Herrn Kraus. In seiner Eisfabrik „Sa Fàbrica de Gelats“ an der Plaça del Mercat wird aus frisch gepressten Orangen ein Speiseeis gemacht, das preisverdächtig ist. Im kleinen Laden „Fet a Sóller“, gleich neben der Eisdiele, findet man noch mehr „Orangiges“.

*Orangen- und andere Marmeladen aus Sóller*

Da sind Marmeladen, die von einer Kooperative des Dorfes hergestellt werden und der Fruchtlikör „Angel d'Or“. Der „goldene Engel“ ist ein Orangenlikör, der aus Sóller-Orangen in Deutschland hergestellt wird, während seine deutschen Eigentümer wiederum in jenem wunderbaren Tal zwischen Bergen und Meer zu Hause sind. Sóller bleibt ein internationaler Handelplatz.

## Der Orangen-Express

Die bequemste Möglichkeit, die Orangen und Zitronenhaine des Tals von Sóller zu erleben, ist eine Fahrt mit der Tramvía, der historischen Straßenbahn. Seit dem

*Sitzen, schauen, staunen – und genießen!*

Jahr 1913 verbindet der „Orangen-Express" Sóller mit Port de Sóller, also den Ort mit dem Hafen. Damit man auch einen Sitzplatz bekommt, empfiehlt es sich, direkt am Bahnhof Sóller einzusteigen oder eben an der Hafenpromenade von Port de Sóller. Zu Fuß verlässt man Sóller für eine leichte, rund fünf Kilometer lange Wanderung über die Straßen Asturies, Figuera und den Camí Son Llempaies. Der Weg führt an den Terrassengärten am Nordhang des Tals vorbei und steigt hinter L'Horta leicht an, bevor er etwa auf Höhe der Bahnstation die Hafenpromenade erreicht. Informationen findet man in der Broschüre „Caminar entre la mar i la muntanya" (Wandern zwischen Meer und Gebirge), die in der Touristeninformation von Sóller oder Port de Sóller erhältlich ist.

Jahren in der zweiten Hälfte des 19. Jahrhunderts auf den Weg nach Südamerika gemacht hatten, kehrten einige mit neuem Reichtum zurück. Und ähnlich wie ihre erfolgreichen Brüder in Katalonien wollten auch sie zeigen, was aus ihnen geworden ist. Deshalb ließen sie sich unter anderem exotisch anmutende Häuser im Kolonialstil oder in der neuen Mode des Modernisme, des spanischen Jugendstils, erbauen.

### Eine neue Zeit

Im Jahr 1912 brach dann für das Tal der Orangen ein neues Zeitalter an. Aus den hohen Bergen im Rücken Sóllers kam ein Monstrum aus Dampf und Stahl herunter. Exakt 13 Tunnels mussten gegraben werden, damit der Zug aus dem 27 Kilometer entfernten Palma das Orangental auch wirtschaftlich an den Rest der Insel anbinden konnte.

### Wenn die Bäume Früchte tragen

Für den Transport von Zitrusfrüchten spielt die Bahn heute keine Rolle mehr. Was früher die Orangen waren, so könnte man sagen, sind heute die Touristen. Mit ihnen fließt das Geld ins Tal. Mit Obst wird heute keiner mehr reich. Und trotzdem sind da noch die Orangenbäume, die während ihrer Blüte das Tal mit einem bezaubernden Duft erfüllen und Jahr für Jahr rund 1000 Tonnen Frucht tragen.

### Lauter kleine Sonnen

Natürlich sind viele Bewohner des Tals überzeugt, dass nirgendwo bessere Orangen wachsen können, dass es nichts Besseres, Gesünderes und Erfrischenderes gibt als den Saft und das Fleisch dieser Frucht, die wie eine kleine Sonne ist. Und wer wollte ihnen da schon widersprechen?

# AM ANFANG *war die Sobrasada*

Nein, schön ist sie nicht. Da hängt sie von der Decke von Colmados Miniladen in der Innenstadt von Palma, so unförmig, als stammte sie aus einer Zeit, da man ein Wort wie „Idealmaß" nicht einmal denken konnte. Die Sobrasada gehört zu Mallorca wie die Weißwurst zu Bayern, womit wieder einmal eine Gemeinsamkeit zwischen Deutschland und der Baleareninsel gefunden wäre. Man könnte aber auch sagen: Was dem Spanier vom Festland seine Schinkenkeule, ist dem Mallorquiner seine Schweinswurst. Beide brauchen Zeit zum Ruhen und Reifen. Prosaische Menschen dagegen behaupten, das unförmige Objekt wäre eine einfache Mettwurst. Das ist nicht ganz falsch, denn das rohe, getrocknete Hackfleisch vom Schwein, das mit Salz, Pfeffer, getrockneter Paprika und anderen Gewürzen vermengt wird, ist ein beliebter Brotaufstrich. Andererseits wurde im Lauf der Jahrhunderte eine Fülle von Rezepten entwickelt, die beweisen, welche zentrale Rolle die Sobrasada für die Ernährung der Inselbewohner hatte und mit Einschränkungen noch immer hat. Abgesehen vom Geschmack!

*Was dem Spanier vom Festland seine Schinkenkeule, ist dem Mallorquiner seine Schweinswurst.*

## Was ist was?

Genau genommen ist Sobrasade eine Gattungsbezeichnung für Würste, die in ebenso unterschiedlichen wie grotesken Formen daherkommen können, beziehungsweise von der Decke baumeln. Die wichtigsten sind:

**Riazada oder Arrissada** ist vielleicht die gängigste Form. Sie wird in einen Schweine-Dickdarm gefüllt und nach der Lagerung roh gegessen.

**Llonganissa** wird aus einem Schweine-Dünndarm hergestellt und eignet sich gut zum Braten oder Frittieren.

**Bufeta** gleicht schon eher einem Rollbraten als einer Wurst. So eine gefüllte Harnblase wiegt bis zu acht Kilogramm.

**Culana oder Cular**, das gefüllte Endstück eines Schweinedarms, kann bis zu einem halben Meter lang sein.

**Bisbe**, der „Bischof" unter den Sobrasadas, hat schon fast das Format einer Reisetasche. Es ist ein gefüllter Schweinemagen.

**Tarrina** kommt ohne Darm aus. Die Wurstmasse wird in einen verschließbaren Behälter gefüllt.

### Identitätsstiftende Sobrasada

Aus dem Jahr 1403 ist ein Schriftstück erhalten, in dem die Wurst erwähnt wird. Das Problem dabei ist nur, zumindest aus mallorquinischer Sicht, dass es aus Sizilien stammt. Soll das etwa bedeuten, dass auch die Sobrasada …? Nein! Diesen Gedanken sollte man auf der Baleareninsel gar nicht erst denken. Zum Glück gibt es in den Archiven noch weitere historische Belege, die den Herkunftsanspruch Mallorcas stützen. Und so gehen die Landeskundler davon aus, dass die Wurst, wie man sie noch heute kennt, vergleichbar ist mit den Rezepturen des 17. Jahrhunderts. Seit dieser Zeit stopft man die Fleischfülle in Schweinedärme und lässt sie dann so lange hängen, bis das Fleisch getrocknet ist und die Wurst einen mehligen Belag aus Hefepilzen bekommt.

### Geheiligte Wursttradition

Damit sich niemand an der geheiligten Wursttradition zu schaffen macht, wurde sie 1993 einem Kontrollrat unterstellt. Ähnlich wie im Weinbau gibt es also eine geschützte Herkunftsbezeichnung, die besagt, dass eine Sobrasada nur aus Mallorca kommen kann. Außerdem gibt es genaue Regeln, was und wie sie verarbeitet werden darf. Derzeit gibt es 28 Hersteller, die die „echte“ Sobrasada herstellen. Man erkennt sie am Gütesiegel „Sobrasada de Mallorca“. Die beste Sobrasada wird aus dem Fleisch des Porc Negre hergestellt, einer schwarzen, mit Eicheln und Feigen gemästeten Schweinerasse.

IM REICH DER SOBRASADA: HIER GIBT ES ALLES, WAS HERZ UND MAGEN BEGEHREN

## Rezepte mit Sobrasada

Tomàs Torrens, Chefkoch des beliebten Celler Can Amer in Inca, ist ein Experte, wenn es um traditionelle und neue Sobrasada-Speisen geht. Hier zwei seiner besten Rezepte (für 4 Personen).

*Artischocken mit Sobrasada: lecker!*

*Ebenfalls köstlich: Sobrasada-Tortilla mit Minze*

### Gefüllte Artischocken mit Spinat, Sobrasada und Käse aus Mahón

*Zutaten:* 2 Zwiebeln, 100 g Butter, 100 g Mehl, 900 g Sahne, 2 Handvoll Spinat, 200 g Sobrasada, 200 g Mahón-Käse (semicurado), Salz und Pfeffer, Rosinen, Pinienkerne, 16 Artischocken

*Zubereitung:* Mit Zwiebel, Butter, Mehl und Sahne eine klassische Bechamel-Sauce bereiten. Spinat, Rosinen, Pinienkerne, Käse und die Sobrasada hinzufügen. Die Artischocken putzen, aushöhlen und in Wasser mit Zitronensaft kochen. Mit der Bechamel-Spinatmasse füllen und mit einer Käseschicht bedecken. Im Ofen überbacken und mit einer reinen Tomatensauce servieren.

### Sobrasada-Tortilla mit Hierba Buena

*Zutaten:* 12 Eier, 3 Kartoffeln, 100 g Sobrasada, Hierba Buena (wilde Minze), Salz, Guindilla-Schote (oder Cayennepfeffer), Knoblauch

*Zubereitung:* Kartoffeln würfeln und in reichlich Olivenöl garen. Guindilla-Schote und Knoblauch hacken, in einem Mörser zerstoßen. Alles mit den Eiern mischen, Salz hinzugeben und schlagen. Wenn die Kartoffeln gar sind, das Öl abgießen und beiseite stellen. Die Sobrasada zerkleinern und zusammen mit den Kartoffeln und der gewünschten Menge Minze hinzugeben. Die Masse in einer großen Pfanne bei mittlerer Hitze backen. Vorsichtig wenden und die andere Seite backen, bis sie goldgelb ist. Die Tortilla ist ideal, wenn sie im Kern noch leicht flüssig ist. Mit frittierten Minzblättern servieren.

## ANREISE

**Auto/Bahn:** Wer mit dem eigenen Auto oder per Bahn anreist, kann von Barcelona oder Valencia mit der Fähre übersetzen (Überfahrt ca. 4 Std.), www.trasmediterranea.es.
**Flug:** Selbst von kleineren deutschen Flughäfen gibt es regelmäßige Verbindungen mit dem Flughafen Sant Joan, dem einzigen internationalen Airport der Insel (8 km östlich von Palma). Die wichtigsten Airlines sind Air Berlin, Air Europa, Easy Jet, Iberia, Lufthansa und Swiss.

## AUSKUNFT

**In Deutschland:** Spanisches Fremdenverkehrsamt, 10707 Berlin, Kurfürstendamm 63, Tel. 030/ 8826543, berlin@tourspain.es
40237 Düsseldorf, Grafenberger Allee 100, Tel. 0211/6803980, düsseldorf@tourspain.es
60323 Frankfurt/Main, Myliusstraße 14, Tel. 069/ 725033, frankfurt@tourspain.es
80336 München, Schubertstraße 10, Tel. 089/ 5307460, munich@tourspain.es
**In Österreich:** 1010 Wien 1, Walfischgasse 7-14, Tel. (0043-1)5129580, viena@tourspain.es
**In der Schweiz:** 8008 Zürich, Seefeldstraße 19, Tel. (0041-1)2527930, zurich@tourspain.
**Im Internet:** www.illesbalears.es (offizielle Seite vom Institut für Balearen-Tourismus IBATUR); www.palmademallorca.es (offizielle Seite der Inselhauptstadt); www.infomallorca.net (Seite des Inselrates mit Informationen für Touristen und Residenten); www.newsmallorca.com, Seite des Foment de Turismo mit Pressetexten; www.mallorcaonline.com (informatives Portal für alle touristischen Belange); www.spain.info (Webseite des Spanischen Fremdenverkehrsamtes); www.mallorcamagazin.net (Seite der deutschsprachigen Wochenzeitung aus Mallorca mit Nachrichten zum Inselgeschehen.)

## AUTOFAHREN

**Autovermieter:** Die bequemste Art, die Insel kennenzulernen, ist die Fahrt mit dem Mietwagen. In Spitzenzeiten stehen ca. 40 000 Fahrzeuge bereit. Zur Anmietung braucht man Ausweis, Führerschein und Kreditkarte. Mindestalter oft 21 Jahre. Die meisten Anbieter haben einen neuen Fuhrpark. Da die Konditionen variieren, empfiehlt es sich, auf die Vertragspunkte Deckungssumme, Freikilometer und Selbstbeteiligung zu achten. Der Tagespreis für einen Kleinwagen beginnt bei ca. 25 Euro.
**Verkehrsregeln:** Die Verkehrsregeln entsprechen weitgehend den deutschen (Anschnallpflicht, Handyverbot, Promillegrenze 0,5 usw.), Höchstgeschwindigkeiten 50/90/120 (Innerorts, Landstraße, Autobahn). Wer zu schnell fährt oder falsch parkt, riskiert eine hohe Geldbuße. Gelbe Randstreifen bedeuten Halteverbot, in blau markierten Zonen muss ein Parkschein gelöst werden.

## DEUTSCHSPRACHIGE MEDIEN

Seit 1971 informiert das **Mallorca Magazin** die deutschsprachige Leserschaft der Insel über Politik, Gesellschaft, Kultur. Veranstaltungskalender und Serviceteil machen die Wochenzeitung zu einer guten Informationsquelle. Ähnlich aufgebaut ist das Konkurrenzblatt **Mallorcazeitung**. Das **Inselradio Mallorca 95,8** sendet täglich auf Deutsch.

## FEIERTAGE

1. Januar, 6. Januar (Hl. Drei Könige), 1. Mai, 15. August (Mariä Himmelfahrt), 12. Oktober (Tag des Spanischen, Entdeckung Amerikas durch Kolumbus), 1. November (Allerheiligen), 6. Dezember (Tag der Verfassung), 8. Dezember (Mariä Empfängnis), 25./26. Dezember (Weihnachten).

## GELD

**Bargeld** lässt sich an Geldautomaten, Banken und Wechselstuben abheben (werktags von 9.00 bis 14.00 Uhr, Wechselstuben meist bis zum Abend).
**Bargeldloses Einkaufen** ist mit Kreditkarten meist problemlos. Weniger gebräuchlich ist die in Deutschland beliebte EC- oder Maestro-Karte. Sperrnummer bei Kartenverlust 0049116116.

## GESUNDHEIT

**Deutschsprachige Ärzte:** Ärztehaus Palma, Calle Unió 9, Tel. 971228067; Deutsches Fachärztezentrum, Avda. Picasso, 57, Palma, Tel. 971220666; Internationales Fachärztezentrum, Calle Porto Pi 8, Palma, Tel. 971707055.
**Notruf/Erste Hilfe:** 112.
**Kosten:** Üblicherweise muss die Behandlung direkt vor Ort bezahlt werden und wird später zumindest teilweise von den Krankenkassen erstattet. Die Krankenhausbehandlung ist bei Vorlage der Europäischen Krankenversicherungskarte kostenfrei.

## HOTELS

### Preiskategorien

| | | |
|---|---|---|
| €€€€ | Doppelzimmer | über 200 Euro |
| €€€ | Doppelzimmer | 150 – 200 Euro |
| €€ | Doppelzimmer | 100 – 150 Euro |
| € | Doppelzimmer | 50 – 100 Euro |

### Reisedaten Mallorca

**Flug von Deutschland**
Mit Low-Cost-Airline je nach Angebot ab 120 € hin und zurück

**Inlandsverkehr**
Zugfahrt Palma – Sóller („Roter Blitz“) 14 € hin und zurück

**Reisepapiere**
Personalausweis

**Währung**
Euro

**Mietwagen**
ab 25 € pro Tag (unbegrenzte Kilometer, Versicherung)

**Benzin**
1 Liter Super bleifrei ca. 1,30 €

**Hotel**
Gehobene Preisklasse DZ ab 150 €, Mittelklasse ab 100 €

**Pension**
Hostal oder Casa Rural DZ ab 50 €

**Menü**
ab 16 € (ohne Getränke)

**Einfaches Essen**
Mittagsmenü ab 10 € (inklusive Tischwein)

**Ortszeit**
MEZ/MESZ

**Alaró:** €€€ **Hotel S'Olivaret,** Carretera Alaró – Orient km 2, E-07340 Alaró, Tel. 971510889, www.solivaret.com. Versteckt im wildromantischen Tal unterhalb des Castell d'Alaró. Luxuriös-gediegenes Landhotel mit gutem Restaurant, Außen- und Innenpool.

**Alcúdia:** €€ **Hotel Nou,** Calle Pou Nou 1, E-07400 Alcúdia, Tel. 971897542, www.nouhotelet.com. Klein aber nou. Nur fünf Zimmer hat das Hotel in der Altstadt von Alcúdia. Ausgesuchtes Design und nette Details. Patio und Dachterrasse zum Relaxen.

**Deià:** €/€€ **Hotel des Puig,** Calle Es Puig 4, E-07179 Deià, Tel. 971639409, www.hoteldespuig.com. Ein kleines schönes Landhotel mit Geschichte. Zimmer ohne Schnickschnack und ein kleiner Pool im Garten.

€€€/€€€€ **Sa Pedrissa,** Carretera Valldemossa – Deià, E-07179 Deià, Tel. 971639111, www.sapedrissa.com. Herrlicher Blick aufs Mittelmeer und das Künstlerdorf Deià. Ehemaliger Landsitz von Erzherzog Salvator. Gutes Restaurant.

**Esporles:** €/€€ **Agroturismo Alfatx,** Carretera de Valldemossa km 10,9, E-07190 Esporles, Tel. 971617946, www.agroturismo-alfatx.com. Kleines Landgut in herrlicher Landschaft.

**Palma de Mallorca:** € **Hotel Born,** Calle Sant Jaume 3, E-07012 Palma, Tel. 971712942, www.hotelborn.com. Viel Charme für wenig Geld. Der Hotelklassiker in der Altstadt mit schönem Patio und schlichten Zimmern.

*Superior Room und Junior Suite im Hotel Tres ...*

€€€€ **Hotel Convent de la Missió,** Calle Missió 7a, E-07003 Palma de Mallorca, Tel. 971227347, www.conventdelamissio.com. Aus einem ehemaligen Priesterseminar ist eines der spannendsten Hotels Mallorcas geworden. Das kühl-elegante Design gibt den sorgsam restaurierten Räumen eine fast spirituelle Atmosphäre.

€€/€€€ **Hotel Tres,** Calle Apuntadores 3, E-07012 Palma, Tel. 971717333, www.hoteltres.com. Anspruchsvolles Design in einem alten Stadtpalast. Das 41-Zimmer- Haus liegt zentral zwischen Lotja und Kathedrale. Schöne Dachterrasse.

**Peguera:** €€€ **Hotel Bahia,** Avenida Peguera 31, E-07169 Peguera, Tel. 971686100, www.hotelbahia.com. Überschaubares, charmantes Hotel mit familiärer Atmosphäre. Im Zentrum und nah zum Strand.

**Port de Sóller:** €€€ **Aimia Hotel,** Calle Santa Maria del Camí, 1, E-07108 Port de Sóller, Tel. 971 631200, www.aimiahotel.com. Es muss nicht immer Naturstein sein. Zeitgenössisch modern gibt sich das anspruchsvolle Hotel in der Nähe des Stadtstrands. Spa, Hallen- und Außenpool.

**Puigpunyent:** € **Son Pont Agroturismo,** Carretera Palma – Puigpunyent km 12,3, E-07194 Puigpunyent, Tel. 971719527, www.sonpont.com. Romantisch-rustikal ist es im Herrenhaus aus dem 14. Jahrhundert. Die fünf Zimmer liegen in einem Extragebäude mit Pool und Blick übers Tal.

**Santa Margalida:** €€€ **Casal Santa Eulalia,** Carretera Santa Margalida - Alcúdia, km 6, E-07450

*... mit seinem herrlichen Pool auf dem Dach*

Santa Margalida (Mallorca), Tel. 971852732, www.casal-santaeulalia.com. Das historische Anwesen liegt einige Kilometer im Hinterland in der Nähe der Bucht von Alcúdia. Große luxuriöse Zimmer, Spa, Restaurant und ein weiträumiger Garten mit drei Pools.

**Sineu:** €€ **Hotel Leon de Sineu,** Calle dels Bous 129, E-07510 Sineu, Tel. 971520211, www.hotel-leondesineu.com. Ein sympathisches Haus in der Altstadt von Sineu. Hübscher Innenhof, nostalgische Zimmer und ein empfehlenswertes Restaurant.

**Sóller:** €/€€ **Hostal S'Ardeviu,** Calle Vives 14, E-07100 Sóller, Tel. 971638326, www.sollernet.com/sardeviu/. Sehr angenehmes kleines Hostal. Gut ausgestattete Zimmer, romantischer Esssalon und Patio.

## Daten und Fakten

**Landesnatur:** Mallorca ist mit 3640 km² Fläche und 554 km Küste die größte der Baleareninseln. Im Nordwesten erhebt sich die Serra de Tramuntana parallel zum Meer. Der Gebirgszug ist etwa 80 km lang und erreicht mit dem Puig Major eine Höhe von 1443 Metern. Im Osten erhebt sich die Serra de Levant auf immerhin 562 Meter. Zwischen den beiden Gebirgszügen spannt sich eine weite fruchtbare Ebene. Einzelne Erhebungen wie der Klosterberg Puig de Randa unterbrechen die landwirtschaftlich intensiv genutzte Ebene. Rund 40 % der Inselfläche sind als geschützte Gebiete ausgewiesen.

**Klima:** Mallorca hat ein gemäßigtes mediterranes Klima. Die Winter sind mild und bringen ergiebige Niederschläge, in den Höhen der Serra de Tramuntana manchmal auch Schnee. Die Mandelblüte ist bereits Ende Januar. In diese Zeit fallen oft einige ausgesprochen warme Tage, die die Mallorquiner den „kleinen Sommer" nennen. Von Mai bis Oktober kann man mit sommerlichen Temperaturen über 22 °C rechnen. Durch den Meereseinfluss bleibt selbst im Juli und August die Sommerhitze einigermaßen erträglich.

**Bevölkerung:** Rund 800 000 Menschen leben auf Mallorca, etwa 370 000 davon in der Hauptstadt Palma. Die nächstgrößeren Städte sind Manacor (37 500 Einw.) und Inca (30 000 Einw.). Rund 98 % der Bevölkerung gehört der röm.-kath. Kirche an. Der Ausländeranteil liegt bei 18,4%.

**Politik:** Mallorca gehört zur autonomen Region der Balearen. Das Landesparlament (Consell General) hat seinen Sitz in Palma und wird alle vier Jahre gewählt. Derzeit regiert eine Koalition aus Sozialisten (PSOE), Linksbündnis (BLOC) und der Unió Mallorquina (UM). Ministerpräsident ist Francesc Antich (PSOE).

**Sprache:** Amtssprachen sind Mallorquín, ein Dialekt des Katalanischen, sowie Spanisch (Castellano). Mallorquín soll erste Landessprache werden.

**Wirtschaft:** Das Wirtschaftsaufkommen der Insel schöpft sich fast zu 80 % aus dem Tourismus. Die Bauindustrie erwirtschaftet rund 10 %. Die Landwirtschaft steuert lediglich einen Anteil von 2,5 % bei.

*Marktstand in Santa Maria del Camí*

**Websites zur individuellen Hotel-/Fincasuche:** www.mallorcahotelguide.com (Seite des mallorquinischen Hotelverbandes); www.reisdemallorca.com (geschmackvolle Stadt- und Landhotels); www.domizile-mallorca.com und www.topfincas.com (Landhotels und Fincas); www.agroturismo-balears.com (Seite des Landtourismus der Balearen).

## Geschichte

**6000–4000 v. Chr.** Erste Siedlungsspuren. Funde in Höhlen bei Esporles, Sóller und Valldemossa.

**1300 v. Chr.** Beginn der Talayot-Kultur mit charakteristischen Steinbauten, z.B. Ses Païsses, Capocorb Vell.

**123 v. Chr.** Nach den Punischen Kriegen werden die Balearen von den Römern erobert. Danach kommt es zur allmählichen Christianisierung der Bevölkerung.

**455–534** Vandalen besetzen die Insel.

**534–902** Unter oströmischer Herrschaft.

**902** Beginn der maurischen Herrschaft. Mallorca gehört zum Emirat von Córdoba.

**1229** Jaume I. erobert die Balearen im Zuge der Reconquista (Rückeroberung).

**1276–1349** Mallorca ist unabhängiges Königreich.

**1349** In der Schlacht von Llucmayor fällt Mallorca an den König von Aragón.

**15.–18. Jahrhundert** Nach Übergriffen von Piraten wird ein Netz von Verteidigungstürmen errichtet. Inquisition und Vertreibung der jüdischen Bevölkerung, Ab Ende des 18. Jahrhunderts wirtschaftlicher Aufschwung.

**Ab 1833** Regelmäßiger Segelschiff-Linienverkehr zwischen Barcelona und Palma.

**19. Jahrhundert** Politische Instabilität. Proklamation Amadeos zum König (1871), Zweite Republik (1873). Wiedereinsetzung der Bourbonen mit Alfons XII. (1874).

**1936** nach Staatsstreich durch General Franco besetzen seine Truppen die Insel. Diktatur bis 1975.

**Ab 1960** gezielte Förderung Mallorcas als Urlaubsziel.

**1983** Autonomiestatus erlaubt die Wiederbelebung der Inselsprache Mallorquín.

**1993** Versuch, den Bauboom in geregelte Bahnen zu lenken. Ein Drittel der Küstenregion wird unter Naturschutz gestellt.

**2002** Rekordjahr: 7 Mio. Urlauber besuchen die Insel, davon 3 Mio. Deutsche.

**2003** Die umstrittene, im Jahr zuvor eingeführte Ökosteuer wird wieder aufgehoben.

**2006** Neuer Besucherrekord: 9,8 Millionen Touristen. Neue Autobahnen werden gebaut. Korruptionsskandal in Andratx.

**2007** Die konservative PP wird abgewählt. Neue Mitte-Links-Regierung.

## MÄRKTE

Fast jeder Ort hat seinen Wochenmarkt. Zu den schönsten zählen Alcúdia (Di., So.), Andratx (Mi.), Santanyí (Sa.), Sineu (Mi.). Flohmärkte: Palma (Sa.), Arenal (Do.).

## ÖFFENTLICHE VERKEHRSMITTEL

**Taxi** fahren kostet ca. 0,70 € je Kilometer plus 2,50 € Bereitstellungsgebühr. Stände befinden sich in der Nähe touristischer Zentren und in Reichweite großer Hotels. Taxiruf: Palma 971401414; Alcúdia 971545975; Andratx 971235544; Arenal 971440212; Artà 971836202; Puerto Pollença 971866213; Sóller 971638484.

**Überlandbusse** verbinden die Städte mit Palma. Dort befindet sich der Busbahnhof in der Carrer Eusebi Estada. Innerhalb des Großraums Palma ist man mit den Bussen des EMT (Tel. 971431024) gut unterwegs. Zentraler Bahnhof ist die Plaça d´Espanya. Dort fährt auch die **Bahn** nach Inca und Manacor ab. Ebenfalls ab Plaça d'Espanya startet die historische Bahn nach Sóller, der „Rote Blitz". Fahrpläne finden sich im Internet unter http://tib.caib.es. Zwischen Flughafen und Palma pendelt die **Linie 1** (6.00–1.30 Uhr).

## ÖFFNUNGSZEITEN

**Apotheken** (Farmacias) haben Mo.–Sa. von 9.00 bis 13.00 und 16.00–20.00 Uhr geöffnet.
**Banken:** Mo.–Fr. 8.30–14.30 Uhr. Mitunter auch Sa. 9.00–13.00 Uhr.
**Geschäfte:** Mo.–Fr. 9.30–13.30 und 17.00–20.00 Uhr, Sa. 9.00–13.00 Uhr.
**Restaurants** servieren meist 12.00–16.00 und 19.00–24.00 Uhr.

## POST UND TELEFON

**Briefmarken** bekommt man in Postämtern (oficina de correos) oder Tabakläden (estancos). Wer einen Standardbrief oder eine Postkarte innerhalb der EU verschickt, zahlt derzeit 0,60 Euro.
**Vorwahlen aus Spanien:** Deutschland 0049, Österreich 0043, Schweiz 0041. Danach die erste 0 der Orts- oder Mobilfunkvorwahl weglassen.
Bei **Anrufen nach Spanien** wählt man 0034 und dann die komplette Rufnummer. **Innerhalb Spaniens** auch immer die komplette Nummer wählen.
In **Telefonzellen** kann man entweder mit Münzen oder Telefonkarten telefonieren (im Tabakladen).

## RESTAURANTS

### Preiskategorien

| | | |
|---|---|---|
| €€€ | Hauptgericht | ab 25 Euro |
| €€ | Hauptgericht | bis 25 Euro |
| € | Hauptgericht | bis 15 Euro |
| | Tapas | ab 2,50 Euro |

**Cala d'Or:** €€ **Port Petit,** Av. Cala Llonga, Tel. 971643039, Di. geschl. Französisch-spanische Küche vom Feinsten. Die kreativ und punktgenau zubereiteten Köstlichkeiten dieser Hafenadresse haben viele Liebhaber auf der Insel.

**Palma de Mallorca:** €€ **Es Baluard,** Plaça Port Santa Catalina 9, Tel. 971719609, So. geschl. Hier gelingt die Mischung aus Moderne und Mallorquín. Üppig, köstlich und vergleichsweise günstig speist man im unaufdringlich modernen Interieur.

€€ **Aramís,** Calle Montenegro 7, Tel. 971725232, www.aramisrestaurant.com, Sa. und So.-Mittag geschl. Nicht zu teuer, nicht zu nobel und dennoch ein feines Restaurant in zentraler Lage. Im fast minimalistischen Gewölbe liegt man mit Pasta, Fleisch und Risotto richtig.

€ **13 ½,** Calle Sant Feliu 13, Tel. 971425187, So. geschl. Das Bistro mit dem kleinen Gourmetladen ist der ideale Ort für moderne Cityreisende mit Ökotouch. Was hier serviert wird, ist unkompliziert und frisch zubereitet. Da gönnt man sich gern ein Stündchen Rast, ehe es mit dem Besichtigungs- oder Shoppingprogramm weitergeht.

**Pollença:** €€ **Clivia,** Av. Pollentia, Tel. 971533 635, Mi. geschl. Ein Klassiker und nicht nur im schönen Pollença eine der ersten Adressen. Ob Wolfsbarsch, Lubina oder einfach Muscheln in Weißweinsauce – Fisch und Meeresfrüchte sind hier bestens.

**Port d'Andratx:** €€/€€€ **Miramar,** Av. Mateo Bosch 18, Tel. 971671617, tgl. geöffnet. Wer perfekten Service und ausgezeichneten Fisch mag, ist hier richtig. Zwischendurch lässt man sich vom eitlen Treiben auf der Hafenpromenade unterhalten.

**Puerto Portals:** €€ **Bistro del Tristán,** Puerto Portals Local, Tel. 971676141, Mo. geschl. Auch im Bistro des mit zwei Sternen dekorierten Tristán speist man hervorragend: intensive Geschmackserlebnisse aus erstklassigen Zutaten.

**Randa:** €/€€ **Es Recó de Randa,** Calle Font 21, Tel. 971660997, tgl. geöffnet. Das beliebte Landhotel am Fuß des Klosterbergs Puig de Randa ist auch eine Institution in Sachen Inselküche. Hier gibt es gehobene Hausmannskost – deftig, köstlich und immer reichlich.

**Sant Llorenç des Cardassar:** €€/€€€ **Es Molí d'en Bou,** Calle Sol 13, Tel. 971569663, in der Saison So.-Abend geschl., in den Wintermonaten So., Mo. und Di. geschl. Etwas abseits vom Touristenrummel befindet sich dieses Restaurant, das man auch als so etwas wie ein Forschungs- und Genusslabor mediterraner Küche bezeichnen könnte. Eine Pilgerstätte für Gourmets in einer alten Mühle.

*Gegessen wird, was auf den Tisch kommt: hier im Celler Can Amer in Inca*

**Santa Maria del Camí:** €€€ **Read's,** Vieja Carretera Santa María – Alaró, km 4, Tel. 971140 261, Mo.- und Di.-mittags geschl. Was Küchenchef Marc Fosh im Restaurant des Edelhotels zaubert, ist für viele absolute Inselspitze. Die Gourmetküche mit frischen und leichten Kreationen wird in einem intim luxuriösen Ambiente serviert.

**Valldemossa:** €/€€ **Ca'n Costa,** Carretera Valldemossa-Deià, km 2,5, tel. 971612263, Di. geschl. Etwas außerhalb des malerischen Valldemossa liegt das stimmungsvolle Traditionslokal. Im ehemaligen Herrenhaus genießt man typisch-mallorquinisch zu fairen Preisen.

*Kandierte Früchte auf dem Wochenmarkt in Sineu*

## RUNDFLÜGE BALLON/ HELIKOPTER

Mit einem Heißluftballon über die Insel zu schweben, ist ein Erlebnis. Pro Person muss man dafür ca. 130 Euro kalkulieren (Mallorca Balloons, Tel. 971818182, www.mallorcaballoons.com, Illes Balears Ballooning, Tel. 607647647, www.ibballooning.net).

## SPORT

**Golf:** Das ganze Jahr hindurch ist auf Mallorca Golfsaison. 25 Plätze gibt es gegenwärtig, das Greenfee kostet durchschnittlich um die 70 Euro (www.golfmallorca.de).

**Klettern:** Gute Reviere finden sich etwa bei Alaró, Bunyola (Sa Gubia), Port de Pollença (Creveta).

**Radfahren:** Die Radprofis trainieren den Winter über auf der Insel, und viele Hobbysportler tun es ihnen nach. In den letzten Jahren wurden vom Tourismusinstitut zehn landschaftlich reizvolle Routen ausgeschildert (www.illesbalears.es).

**Reiten:** Auf vielen Reiterhöfen kann man stunden- oder tageweise ein Pferd mieten. Oft lassen sich dort auch Kurse belegen oder an organisierten Touren teilnehmen. Reiterferien im Internet unter www.pferdreiter.de oder www.reiterreisen.com.

**Tauchen:** Derzeit gibt es rund 40 Tauchbasen. Die Bandbreite geht vom Kindertauchkurs über den Kurs zum „Open Water Diver" oder Tauchgängen zu versunkenen Schiffwracks.

*Erholsam: Wandern auf Mallorca*

**Tennis:** Wer in seinem Hotel einen Tennisplatz vermisst, kann einen Court auf einer der zahlreichen öffentlichen Anlagen mieten. Zentrale des Tennisverbands: Tel. 971720956.

**Wandern:** Nicht nur in der Serra de Tramuntana finden Wanderer schöne Routen. Äußerst reizvoll sind auch die Halbinsel bei Alcúdia und der Naturpark Llevant bei Artà. Organisierte Wanderungen bietet z. B. Mar i Roc (Tel. 971137268, www.mallorca-wandern.de).

## WELLNESS

Wellness boomt auf der Baleareninsel. Vor allem in den exklusiven Finca- und den Fünf-Sterne-Hotels finden sich gut ausgestattete Spa-Oasen, die man auch als Nicht-Hotel-Gast besuchen kann. Die schönsten finden sich im Hospes Maricel bei Palma (Tel. 902254255, www.hospes.es), im Marriott Son Antem bei Llucmajor (Tel. 971129100, www.marriott.de) und im Sant Regis Mardavall Hotel & Spa an der Costa d'en Blanes bei Clavía (Tel. 971629600, www.mallorca-resort.com). Das größte Wellnessbad an der Ostküste, Biomar, gehört zum Hotel Protur Sa Coma Playa (www.protur-hotels.com).

### Wetterdaten Palma de Mallorca

| | Tages-temp. max. | Nacht-temp. min. | Wasser-temp. | Tage mit Nieder-schlag | Sonnen-stunden pro Tag |
|---|---|---|---|---|---|
| Januar | 15° | 7° | 14° | 6 | 5 |
| Februar | 15° | 7° | 13° | 5 | 6 |
| März | 16° | 7° | 14° | 6 | 6 |
| April | 19° | 10° | 15° | 6 | 7 |
| Mai | 22° | 13° | 17° | 4 | 9 |
| Juni | 26° | 17° | 20° | 2 | 10 |
| Juli | 29° | 20° | 23° | 1 | 11 |
| August | 29° | 21° | 25° | 2 | 10 |
| September | 23° | 15° | 21° | 7 | 7 |
| Oktober | 23° | 14° | 21° | 6 | 6 |
| November | 19° | 11° | 18° | 6 | 6 |
| Dezember | 15° | 7° | 15° | 7 | 5 |

**Fette** Ziffern verweisen auf Abbildungen.



## IMPRESSUM

**Verlag:** HB Verlag, Marco-Polo-Straße 1, 73760 Ostfildern, Postfach 3151, 73751 Ostfildern, Tel. 0711/4502-0, Fax 0711/4502-135, www.hb-verlag.de, info@bildatlas.de
**Geschäftsführer:** Dr. Thomas Brinkmann, Dr. Stephanie Mair-Huydts

**Chefredaktion und Programmleitung:** Rainer Eisenschmid, Birgit Borowski
**Redaktion:** Robert Fischer (www.vrb-muenchen.de)
**Text:** Lothar Schmidt, Madrid
**Exklusiv-Fotografie:** Holger Leue, Haunetal
**Titelbild:** LOOK/Florian Werner (Cala S'Amonia)
**Grafische Konzeption, Art Direktion und Layout:** fpm factor product münchen
**Kartografie:** © MAIRDUMONT GmbH & Co. KG, Ostfildern
**HB Bildatlas Fotoservice:** HB Verlag, Marco-Polo-Straße 1, 73760 Ostfildern, Tel. 0711/4502-266, Fax 0711/4502-1006, a.nebel@mairdumont.com

Für die Richtigkeit der in diesem HB Bildatlas angegebenen Daten – Adressen, Öffnungszeiten, Telefonnummern usw. – kann der Verlag keine Garantie übernehmen. Nachdruck, auch auszugsweise, nur mit vorheriger Genehmigung des Verlages. Erscheinungsweise: monatlich.

**Anzeigenvermarktung:** MAIRDUMONT MEDIA, Tel. 0711/4502333, Fax 0711/45021012, media@mairdumont.com, http://media.mairdumont.com
**Vertrieb Zeitschriftenhandel:** PARTNER Medienservices GmbH, Postfach 810420, 70521 Stuttgart, Tel. 0711/7252-227, Fax 0711/7252-310
**Vertrieb Abonnement:** Zenit Pressevertrieb GmbH, Postfach 810640, 70523 Stuttgart, Tel. 0711/7252-265, Fax 0711/7252-333, hbverlag@zenit-presse.de
**Vertrieb Buchhandel und Einzelhefte:** MAIRDUMONT GmbH & Co KG, Marco-Polo-Straße 1, 73760 Ostfildern, Tel. 0711/4502-0, Fax 0711/4502-340
**Reproduktionen:** Otterbach Medien KG GmbH & Co., Rastatt
**Druck und buchbinderische Verarbeitung:** Neef + Stumme GmbH & Co. KG, Wittingen.
Printed in Germany

Überall im Pressefachhandel, Buchhandel und Bahnhofsbuchhandel erhältlich oder zu bestellen unter
Telefon 0711/4502-0, Fax 0711/4502-340

PRESSE

PRESSE & BUCH IM BAHNHOF

## IN VORBEREITUNG

**TIROL** – zwischen Arlberg und Kufstein, Brenner und Achenpass gibt es kaum eine größere ebene Fläche. Und gerade das macht die Schönheit Tirols aus. So vielfältig wie die Landschaft ist das Angebot an Sportmöglichkeiten zu jeder Jahreszeit.

**Land im Gebirge**
Gipfel, Almen, Badeseen
**Zeugen reicher Vergangenheit**
Innsbruck, Hall und Kufstein
**Einfach nur genießen**
Berggasthöfe und Wellnesshotels

**ALTMÜHLTAL** – wer meint, Bayern sei nur zwischen Alpen und Donau eine Reise wert, wird an der Altmühl umdenken. Die Region bietet Burgen und Schlösser, Kletterfelsen und reizvolle Flussabschnitte für Kanuten sowie bequeme Routen für Radler und Wanderer.

**Barocke Pracht**
In Eichstätt, Weltenburg, Ellingen
**Wasserspaß nach Maß**
Fränkisches Seenland
**Deftig und gut**
Fränkische Würste und Bier

---

## LIEFERBARE AUSGABEN

### HB BILDATLAS

**Deutschland**

227 Allgäu
320 Altmühltal
316 Bayerischer Wald
235 Berlin
235 Berlin (englische Ausgabe)
289 Bodensee · Oberschwaben
298 Brandenburg
296 Chiemgau · Berchtesgadener Land
274 Dresden · Sächsische Schweiz
256 Eifel · Aachen
260 Elbe und Weser · Bremen
303 Erzgebirge · Vogtland · Chemnitz
242 Frankfurt · Taunus · Rheingau
269 Fränkische Schweiz
253 Hamburg
263 Harz
234 Hunsrück · Naheland · Rheinhessen
233 Leipzig · Halle ·Magdeburg
209 Lüneburger Heide
285 Mainfranken
307 Mecklenburgische Seen
240 Mecklenburg-Vorpommern
151 Mittelfranken
249 Mosel
165 München
255 Münsterland · Münster
281 Nordseeküste · Schleswig-Holstein
196 Oberbayern zwischen Lech und Inn
271 Odenwald · Bergstraße
219 Osnabrücker Land · Emsland · Oldenburger Münsterland · Grafschaft Bentheim
211 Ostfriesland · Oldenburger Land
290 Ostseeküste · Mecklenburg-Vorpommern
277 Ostseeküste · Schleswig-Holstein
215 Pfalz
194 Potsdam · Havelland
243 Rhein zwischen Köln und Mainz
288 Rhön
314 Rügen · Usedom · Hiddensee
300 Ruhrgebiet
258 Sachsen
286 Sachsen-Anhalt
268 Sauerland
200 Schwäbische Alb
266 Schwarzwald · Norden
214 Spreewald · Lausitz · Märkisch-Oderland
247 Südlicher Schwarzwald
224 Sylt · Amrum · Föhr
312 Teutoburger Wald
261 Thüringen
301 Thüringer Wald
202 Trier
237 Weserbergland

**Benelux**

246 Amsterdam
187 Flandern · Brüssel
275 Niederlande

**Frankreich**

160 Atlantikküste
278 Bretagne
225 Côte d'Azur
222 Elsass
221 Korsika
295 Normandie
229 Paris
315 Provence
184 Südfrankreich · Languedoc-Roussillon

**Griechenland**

193 Athen · Peloponnes
189 Korfu · Ionische Inseln
228 Kreta
310 Zypern

**Grossbritannien · Irland**

294 Irland
175 London
231 Nordengland
304 Schottland
241 Südengland

**Italien · Malta · Kroatien**

195 Adriaküste · Emilia Romagna
239 Gardasee · Trentino
309 Golf von Neapel · Kampanien
265 Italienische Riviera
282 Italien · Norden
238 Kroatische Adriaküste
254 Malta
210 Mittelitalien
270 Oberitalienische Seen · Mailand
230 Piemont · Aostatal
226 Rom
264 Sardinien
232 Sizilien
201 Süditalien: Apulien · Basilikata
207 Südtirol
267 Toskana
313 Venedig · Venetien

**Mittel- und Osteuropa**

292 Baltikum
280 Bulgarien
283 Danzig · Ostsee · Masuren
248 Prag
291 St. Petersburg
244 Südpolen · Breslau · Krakau
306 Tschechien
297 Ungarn

**Österreich**

293 Kärnten
199 Niederösterreich · Wachau
218 Oberösterreich
220 Salzburger Land · Salzkammergut · Salzburg
319 Tirol
206 Wien

**Schweiz**

305 Schweiz
302 Tessin

**Spanien · Portugal**

236 Algarve · Lissabon
223 Andalusien
287 Barcelona
150 Costa Blanca
262 Costa Brava
176 Gran Canaria · Fuerteventura · Lanzarote
213 Ibiza · Formentera · Menorca
259 Kanarische Inseln
245 Lanzarote
318 Mallorca
203 Nordportugal
205 Nordspanien · Atlantikküste Jakobsweg · Galicien
177 Teneriffa · La Palma · Gomera · Hierro

**Skandinavien**

183 Bornholm
279 Dänemark
317 Norwegen · Norden
276 Norwegen · Süden
250 Südschweden · Stockholm

**Türkei**

252 Türkische Mittelmeerküste

**Außereuropäische Ziele**

273 Australien Osten · Sydney
284 China
311 Kalifornien
251 Kanadas Westen
299 Neuseeland
272 New York
257 Südafrika

**Länderübergreifende Bände**

308 Donau

### HB BILDATLAS SPECIAL

**Afrika · Naher Osten**

67 Ägypten
64 Arabien: V. A. Emirate · Oman · Kuwait · Qatar · Bahrain
72 Marokko
61 Namibia
71 Tunesien · Libyen

**Australien · Ozeanien**

45 Australien: Westen

**Europa**

54 Madeira · Azoren · Kapverden

**Süd- und Südostasien · Ferner Osten**

10 Hongkong
53 Indien: Rajasthan · Delhi · Agra
69 Philippinen
34 Sri Lanka und Malediven
70 Thailand

**Süd- und Mittelamerika · Karibik**

57 Chile
55 Dominikanische Republik · Haiti
60 Jamaika
65 Kleine Antillen: Antigua Guadeloupe · Martinique · Barbados u. a.
73 Mexiko

**USA · Kanda**

58 Alaska
62 Florida
68 Las Vegas · Grand Canyon
56 Nordwesten: Washington · Oregon
59 Texas

### HB BILDATLAS SONDERAUSGABEN

Ski-Special Alpen 2008
Alpen Special 2008